◆ポーランド史叢書4

安井教浩

リガ条約

交錯するポーランド国境

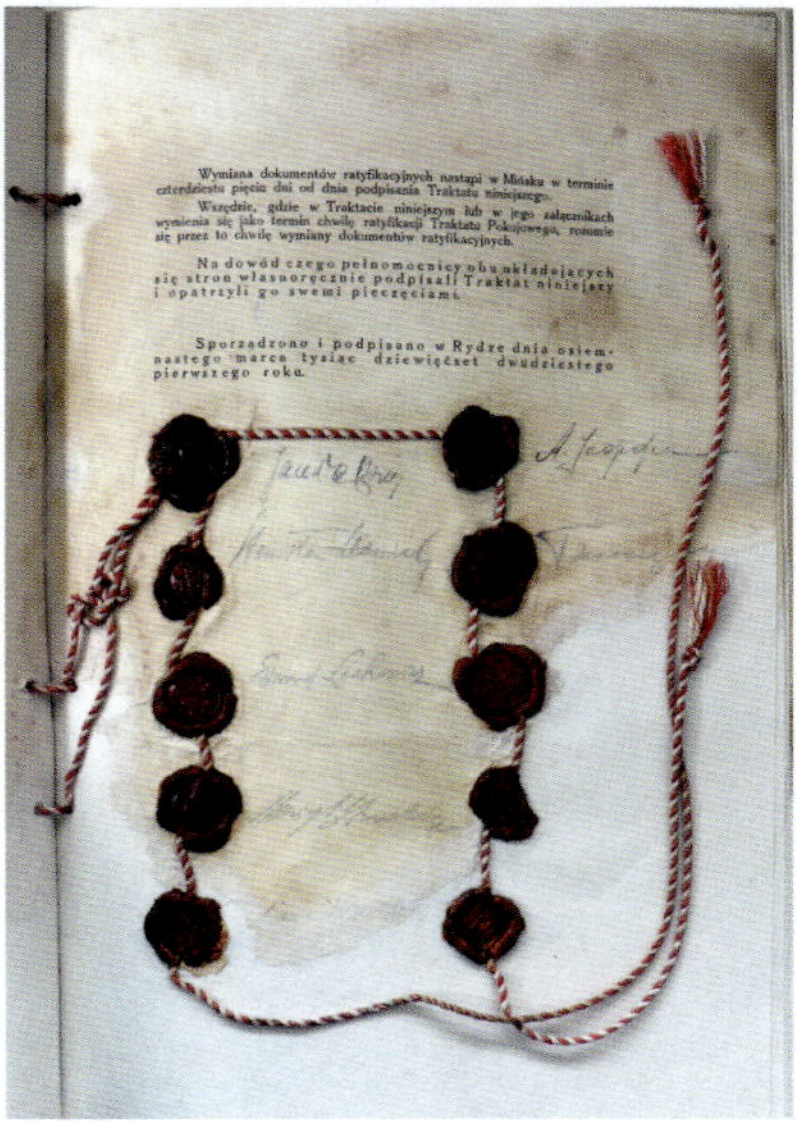
Wymiana dokumentów ratyfikacyjnych nastąpi w Mińsku w terminie czterdziestu pięciu dni od dnia podpisania Traktatu niniejszego.

Wszędzie, gdzie w Traktacie niniejszym lub w jego załącznikach wymienia się jako termin chwilę ratyfikacji Traktatu Pokojowego, rozumie się przez to chwilę wymiany dokumentów ratyfikacyjnych.

Na dowód czego pełnomocnicy obu układających się stron własnoręcznie podpisali Traktat niniejszy i opatrzyli go swemi pieczęciami.

Sporządzono i podpisano w Rydze dnia osiemnastego marca tysiąc dziewięćset dwudziestego pierwszego roku.

リガ条約の原本

かつて独身のドイツ人商人のためのギルド会館であった「黒い頭の館」の会議ホール。
この部屋でリガ条約の交渉と調印が行われた。

聖シモン聖ヘレナ教会
早世した二人の子どもを偲んでエドヴァルト・ヴォイニウォヴィチが出資し、1910年に創建された。ミンスクにおけるポーランド文化を象徴する建築物として知られる。

同教会前に移されたヴォイニウォヴィチの墓
2006年、ヴォイニウォヴィチの亡骸はビドゥゴシチの墓地からミンスクに移され、子どもたちの魂が祀られた同教会に改葬された。

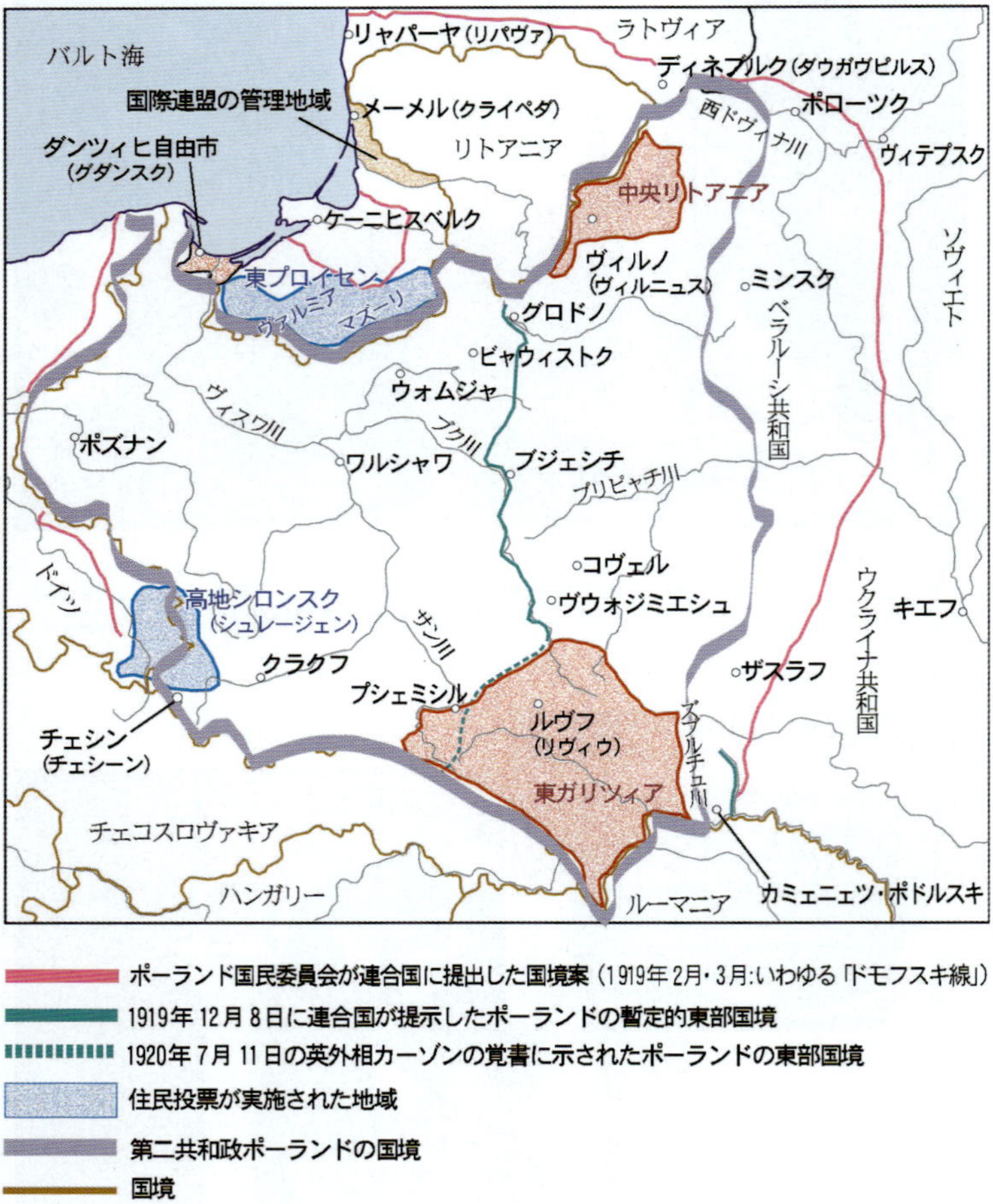

地図1：第一次世界大戦後におけるポーランド国家の形成

リガ条約　目　次

リガ条約——交錯するポーランド国境——

はじめに

一九二一年三月一八日、ポーランド共和国とロシア社会主義連邦ソヴィエト共和国およびウクライナ社会主義ソヴィエト共和国との間に締結された平和条約は、ラトヴィアの首都で調印されたことから一般に「リガ条約」と呼ばれる。そして、この条約によって定められた境界線が戦間期を通じてポーランドとソヴィエトとの国境となった。

ヴェルサイユ条約によって独立を承認されたポーランドであったが、同条約ではその東部国境に関して後に定めるものとされていた。しかし、ソヴィエトとの戦争を経て結ばれたリガ条約が、ポーランドの東部国境を事実上画定することになった。リガ条約はまた、一八世紀に行われたポーランド分割とその後のロシアによるポーランド支配を清算するものでもあった。同条約には、芸術作品をはじめとする文化的な財産から軍旗なども含む軍事関係の品々にいたるまで、分割下にロシアがポーランドから持ち去ったさまざまな品物の返還が謳われ（史料二を参照）、やはり分割下でポーランドが被った経済面での損失に対する補償なども規定されている。一方、ソヴィエトの側からすれば、リガ条約の締結をもって西ヨーロッパへの革命の輸出という希望はひとまず潰えることになり、その意味でこの条約は「国際革命の第一ラウンドのフィナーレ」（平井友義）となったのである。

リガ条約によって定まったのは、ポーランド・ソヴィエト間の国境ばかりではない。リトアニア、ポーランドの両国は大戦終結とともにヴィルノ（ヴィルニュス）をめぐって紛争状態に陥り、その後も戦間期を通じて両国間の関係が改善されることはなかった。リガ条約に先立つ一九二〇年七月一二日、ソヴィエトはリトアニアとの間に平和条約を締結していた。その後、ポーランドとソヴィエトとの間で平和条約に向けた交渉が行われるが、そのさなかにポーランドによるヴィルノ占領と、その後の同地域のポーランド編入に道を開く「中央リトアニア」の樹立という出来事が起こった。しかしソヴィエトは、リガ条約の中でこうした既成事実を承認する。こうしてリガ条約は、リトアニア、ポーランド、ソヴィエトの間での境界線を含む現下の情勢《ステータス・クウォ》を結果的には承認するものとなったのである。また、民族政権が相次いで立ち、ソヴィエトの内戦も絡んで混沌としていたウクライナの情勢も、リガ条約によりウクライナ・ソヴィエト共和国がポーランドに承認されことで、ひとまずは安定に向かうことになる。

このようにヴェルサイユ条約では定まらなかった戦間期東欧の政治的枠組みが、リガ条約によってようやくその輪郭をはっきりさせることになった。したがってポーランドの歴史学では、第一次世界大戦後のヨーロッパ国際体制はしばしば「ヴェルサイユ・リガ体制」とも呼ばれる。ところが、リガ条約で定まった国境（リガ国境）は、国際的にはまだ正式に承認されたものではなかった。ヴェルサイユ条約とサンジェルマン条約は、ポーランドの東部国境について、連合諸国による承認を義務づけていたからである。そのため、リガ国境が連合諸国による承認をえるまでには、まだしばらくの紆余曲折を経なければならなかった。連合国最高会議の権限を引き継いだ大使会議（英伊日の駐仏大使と仏外相により構成）により、同国境が承認されたのは一九二三年三月一五日のことである。折しも同年一月、ドイツの賠償支払いの不履行を理由にフランスがルールに出兵したことで西欧では政治的緊張が高まった。また、同じ頃、国際連盟の委託をうけてフランスが管理していたメーメル（クライペダ）（口絵四頁の地図を参照）にリトアニアの「義勇軍」が侵入し、同市を占領するという事件が勃発した。そうした事態をうけて英仏両国では東欧の安定をポーランドに期待する声が高まり、またイギリスでは前年の秋、ポーランドに対して厳しい姿勢で臨んできたロイド・ジョージが退陣していたことも幸いして、ポーランドは連合国から東部国境についての承認を獲得することに成功したのである。

ところで、ポーランドは、かつてリトアニア大公国との連合国家として中東欧に広大な版図を誇りながら、一八世紀末には近隣の三ヵ国による三度におよぶ分割によって国家の消滅を経験した。以後、一九世紀を通じて祖国の回復を求めるポーランド人の愛国的な運動が展開されたことはよく知られるが、その間、第一次分割が行われた一七七二年時の国境のもつ正統性への確信が揺らぐことはなく、それはポーランド独立の前提でありつづけた。

第一次世界大戦後にポーランドが独立を回復したときにも、いわゆる一七七二年国境が、ポーランド人にとってはその政治的な立場を問わず、国家像を描くときの出発点とされた。しかし、ポーランドが分割支配下におかれていた一二三年の間に、かつて多言語・多宗教の共生の空間であったポーランドの東部地域をとりまく状況は大きく変化していた。ポーランド人の前には、それぞれの民族的な大望と利害をもつリトアニア人やウクライナ人、あるいはベラルーシ人が立ち現れていたのである。

これらの諸民族の発展における自立的な側面からは目をそらし、それらをポーランド支配の道具とするべく分割列強によって創りだされた運動と見なそうとするポーランド人の心情とは別に、自らの民族国家を志向する諸民族が活動をくり広げているという動かしがたい現実が存在した。それでは、一七七二年国境における復活が現実的でないとするならば、独立を回復したポーランド国家はどのような領域を占めるべきなのであろうか。

ポーランド人がこの問いに真摯に向き合おうとする中で現れたのが、さしあたり二つの国家構想であった。ひとつは、これら諸民族が自らの国家をもつことを認め、それらとポーランドとの連邦を志向するものである。ただし連邦といっても、それを唱える論者や党派によってその内実は大きく異なる。とはいえ、ポーランド人の側から提唱された構想においては、連邦を構成する国々の中でポーランドが多かれ少なかれ盟主の座を占めるものとされていた。

他方で、ポーランドは多民族・多文化の、いわば帝国型の国家を志向するよりも強力な民族国家の構築を目指すべきであるという、併合主義とも呼ばれる構想が存在した。しかし東欧のように単一の民族国家の形成など許さない多民族混住の地域においては、ポーランド領内に抱える非ポーランド系の諸民族をポーランド化できるかどうかが、その領土構想と密接な関わりをもつことになった。

こうした二つの政治的志向は、さしあたりポーランド社会党と国民民主党という二つの政治潮流によりそれぞれ体現されることになった。いずれも一九世紀末から戦間期にかけて、ポーランド政治の本流を織りなした主要政党である。社会党によって育まれた連邦構想は、独立後は国家主席に就任したユーゼフ・ピウスツキによって追求されていくことになり、一方、民族主義を掲げる国民民主党の併合主義的な民族国家の構想は、同党の指導者で、大戦期からヴェルサイユ講和会議にかけてパリのポーランド国民委員会を率いたローマン・ドモフスキにより模索されることになった。

第一次世界大戦後、ポーランドの東部国境をめぐって、ときに外交的手段で、またときに軍事力によって連邦主義、併合主義それぞれの構想の実現が目指されたが、複雑な政治的展開の中で両者が交錯しながら逢着したのがリガ国境であった。ある外交史家は、「リガ条約によってポーランドは、いずれかの国の衛星国となるには大きすぎ、また大国であるには小規模すぎて脆弱な、中間的な規模をもつ国家となってしまった」（P・ヴァンディチ）と記している。見方を変えればリガ条約は、ヴィルノをめぐる展開（第三章を参照）からも明らかなように連邦構想の実現に失敗したポーランドの姿とともに、民族国家となるにはあまりにも多民族的な構造をもつことになった国家の姿をも浮かびあがらせることになったのである。

当初、ヨーロッパの政治家の多くが、その権力の永続性について疑問を抱いていたソヴィエトではあったが、内戦と混乱を克服してヨーロッパ国際関係において定位されると、ポーランド、ソヴィエト両国の間で不可侵条約の締結に向けた動きが現れる。早くも一九二五年にそれに向けての話し合いが試みられたというポーランド・ソヴィエト不可侵条約は、独ソ関係の展開にも左右されながら、頓挫や中断を経て一九三二年七月に締結された。それはリガ条約を補強するとともに、ポーランド東部国境についても再確認するものであった。二年後に更新された同条約は一九四五年まで有効であったが、三九年九月のドイツとソヴィエトによる「第四次ポーランド分割」によりそれは事実上破棄された。その後、戦後を迎えたポーランド国家の領土的輪郭をなしたのは、東部辺境の多民族地域を国境の外に残し、その一方でドイツから獲得された地域をポーランド化することにより創りだされた民族誌的なラインであった。そしてリガ国境は、「民族誌的」国境の中で国家の相貌を大きく変えていった戦後ポーランドとの比較のなかで、戦間期ポーランドの記憶とともに語り継がれていくことになる。

しかしリガ条約が、ポーランドとソヴィエトとのはざまに位置する地域の諸民族を分断し、また民族・宗教、さらには身分の別を問わずその地域に暮らす人々の生活を引く裂くことになったことも忘れるべきではないであろう。本書は、リガ条約の成立にいたるまでのポーランドにおける政治劇をなるべく広い文脈の中で紹介しようとするものであるが、同条約が周辺の諸民族におよぼした影響や「辺境《クレスィ》」と呼ばれたポーランドの東部諸地域に暮らす人々の運命を変えることになった側面についても出来るかぎり目を向けてみたい。
それでは、「辺境《クレスィ》」のポーランド人にまつわる挿話からはじめることにしよう。

※地名等の表記については、関連する諸民族の言語で併記することが理想だが、本書では煩瑣を避けるため原則としてポーランド語での表記を用いる。

第一章　東部辺境《クレスィ》のポーランド人社会

公女の死

　リガ条約の調印からひと月半ばかり経った一九二一年五月六日、ベラルーシ屈指の大貴族《マグナート》として知られたドゥルツキ・ルベツキ（以下「ドゥルツキ」と記す）家の令嬢クリスティーナが国境付近でソヴィエトの警備兵に惨殺させるという出来事がおこった。ドゥルツキ・ルベツキ家はベラルーシに広大な所領をもつ名門の家柄で、クリスティーナの父ヒエロニムはミンスクから三〇キロばかり西北に位置するノーヴェポーレに所領を構え、ミンスク一帯におけるポーランド人社会の有力者として、帝政ロシア国会の議員も務めていた。また、歴史を題材とした劇作家としても知られた公爵は、この悲劇が起こる一年半ほど前に他界していた。当地のポーランド人社会に驚きをもって迎えられた公爵令嬢の殺害は、巷では次のように語り継がれている。

　クリスティーナが生まれ育ったノーヴェポーレはいわゆるリガ国境にほど近い場所に位置したが、条約によってソヴィエト側に残されることになったため、一家はやむなくポーランド側にとどまった近郊の町ラコフに移る。いつも拳銃を携帯し乗馬を好む自由闊達な若い公女は、生まれ育ったノーヴェポーレが恋しくてたまらない。そこで彼女は、危険を顧みず、国境越しに故郷の館を遠望できる場所へ愛馬で出かけることが多かった。

あるとき、いつものように国境沿いに愛馬を進ませていたところ、ソヴィエトの警備兵の撃った弾があたったのか、はたまた射撃音に驚いたのか、逆上した愛馬が彼女を背に乗せたまま国境を走りぬけてしまった。彼女は馬でなく徒歩で行くうちに国境を踏み越えてしまったという説もあるが、いずれにせよ国境を犯した彼女はソヴィエトの兵士に拘束され、無残に殺されてしまった。拘束されたのちに、拳銃で抵抗したために、殺害されたとも言われる。

二一歳の娘の無残な死に、社会的影響力をもつ彼女の家族は黙っていなかった。公爵家というだ

ノーヴェポーレのドゥルツキ家の邸宅 (古写真)

けでなく、彼女の長兄は、当時ポーランド軍の士官として、国家首席ユーゼフ・ピウスツキとも親しい関係にある。事件は、外交問題にまで発展するかに思われた。火消しに躍起となったソヴィエト側は、公女の殺害に関わった部隊の兵士全員を射殺し、彼女の亡骸を家族のもとに戻した。しかし、クリスティーナの母の嘆きは大きく、ついには正気を失ってしまった。公女はラコフの墓地に葬られ、その礼拝堂風の墓は今も残っている。

ところが、気がふれたはずの母親は娘の死について詳細な記録を書き残していた。国立文書館ルブリン分館が所蔵するザモイスキ家文書の中に残されている『公女クリスティーナ・ドゥルツキ・ルベツキ小伝』と題する母親の回想は、彼女がヴウォダヴァのザモイスキ家と血縁であったことから、何らかのいきさつで同家文書のなかに紛れることになったものと思われる。ザモイスキ家文書の運命もまた激動のポーランド現代史を反映したドラマ性に富むものではあったが、ともあれ幾つかの偶然から散逸や焼失を免れたのである。公女の母マリアがいつこの回想を書いたのかは不明で、公女が改葬された一九二六年暮れからザモイスキ家当主が文書を国立文書館分館に委ねる一九四二年秋までの間としか推測できない。

それでは、母親の叙述にそくして悲劇に至るまでの公女の足取りを追ってみよう。やや長い話となるが、そこには、「辺境《クレスィ》」と呼ばれたポーランド東部地域のポーランド人社会が第一次世界大戦後の同地域における混乱と戦乱の中で翻弄される姿が描かれており、それは本書の導入部ともなると考えられるからである。母親の回想は公女が生まれた時から始まり、幼少期や少女時代の話を読む限りでは、彼女は巷説で語られるような自由闊達な女性というよりも、自立的ではあるが極めて内省的な人柄として描かれている。

さて、話を本書に関わる時代から始めよう。第一次世界大戦後もポーランド東部の諸地域に展開していたドイツ軍が撤退しはじめ、入れ替わりにボリシェヴィキの軍隊が迫ると、辺境《クレスイ》において長く社会的支配層として君臨してきたポーランド人地主《シュラフタ》は、難を避けるために土地と邸を離れて西へと向かった。ドゥルツキ家の人々もいったんはヴィルノに逃れ、そこにも赤軍が迫るとさらにワルシャワへと移った。それはソヴィエトによるヴィルノ占領の直前で、一九一八年暮れのことと思われる。年が改まり一九年を迎えると、ヴィルノにいたポーランド人部隊と市内に侵入した赤軍との間で戦闘が行われたが、これがポーランド・ソヴィエト戦争の発端をなしたと言われる。

ドゥルツキ家のワルシャワでの生活は、恐らく翌二〇年の春頃までつづいたものと思われる。生まれ故郷では、社会的な支配層として君臨してきた「旦那《パン》」たちも、所領や邸から切り離されての生活は大変であった。ドゥルツキ家の場合、姉は嫁ぎ、二人の兄はともに従軍しているため、クリスティーナも外務省で指紋鑑定の仕事にありついて家族の生活を支えた。その彼女が、スペイン風邪による父の死を知ったのは、ローマに在勤していた時である。

一九二〇年四月、ピウスツキがウクライナの民族政府の指導者シモン・ペトリューラと協定を結び、いわゆるキエフ遠征にのりだす。しばらの間、ポーランド軍の快進撃がつづき、やがてキエフへの入城もはたした。ポーランドの占領域が東方へと拡大していく中で、クリスティーナも母とともにミンスクに赴く。おそらく五月末頃のことであったろう。しかし、このときすでに戦局は変化しはじめていた。ミンスクにようやく着いた母娘は、反攻に転じたソヴィエト軍の先鋒が同市の東四〇キロほどのところに迫っていることを知る。ミンスクにあるポーランド軍司令部に同じ爵位《しゃくい》を持つスタニスワフ・シェプティツキ将軍（ギリシア・カトリックのルヴフ府主教アンドレイ・シェプティツキーの弟）を訪ねた公爵家の母娘は暖かく迎え入れられたが、戦況を見極める間、一週間は荷を解かないように勧められる。

その後、母娘はノーヴェポーレの邸に久々に戻ったが、そこでは四〇日を過ごしただけで、破竹の勢いで西進するソヴィエト軍に追われるように、七月九日には馬や家畜を連れ、家財とともに再び西に向かわなければならなかった。道中は、やはり荷車を連ねた近郊のポーランド人地主《シュラフタ》たちでごったがえしていた。

旧ポーランド王国領に入った母娘は、血縁を頼ってあちらこちらに身を寄せるが、人の世話になることを好まない公女に居心地の良い場所はなかった。やがて子どもを連れて身を寄せてきた姉を母とともにポーランド南部に所領をもつラジヴィウ家に預け、クリスティーナはひとりワルシャワに出て家族のために働き始める。はじめは参謀本部の政治課で、後には堪能な英語を活かせる職場を見つけたが、これは恐らくアメリカ児童救済委員会の事務所での仕事であったと思われる。

そうした公女のもとに、ポレーシェ地方のポロホインスクを本拠とするドゥルツキ宗家の従妹から来訪を誘う知らせが届く。一九二〇年のクリスマスをそこで過ごすために赴いたクリスティーナは、その地で年を越してベラルーシの農村の春を満喫したが、それだけに故郷を失った流浪の生活への疲れをも吐露するようになっていたという。同年一〇月には、リガでポーランド、ソヴィエトの両国間で休戦条約も結ばれ、まもなく戦火がやもうとしていた。そして翌年三月にはリガ条約が締結されるが、公女の故郷ノーヴェポーレは、この条約によってソヴィエト側に置かれることになった。条約調印の翌四月末、クリスティーナの母は、かつて近郊に住んでいたポーランド人の地主仲間から手紙を受けとり、その内容を娘に電報で伝えてきた。それによれば、五月一日に、「国境委員会」がクリスティーナの故郷一帯で活動を開始するという。

正確には「合同国境委員会」で、それはリガ条約によって定められた境界線を、現地調査によって細部までより厳密に画定し、国境の標示を設置するために設けられた組織で、ポーランド・ソヴィエトの両代表団から構成されていた。その具体的活動についてはのちに見ることになるが、現地調査には現地の住民からの意見の聴取も含まれていた。しかも、長大な国境は四つの区域に分けられ、それぞれの担当として設置された小委員のひとつ、「ミンスク・ニェシヴィシュ小委員会」は、ノーヴェポーレからは指呼の間にあるラコフに事務局が置かれるのである。母親が娘に送った電報にある「五月一日」という日付は、合同国境委員会が本格的に活動を開始するにはやや早すぎる時期ではあるが、早晩、現地での調査が開始されるという噂は広がっていたのであろう。自己の所領がリガ国境の境界周辺に位置し、ましてやそのままではソヴィエト側に取り残されそうなポーランド人地主たちにとっては、大きな正念場を迎えつつあったことは間違いない。ドゥルツキ家の所領のあるノーヴェポーレは、リガ国境までわずか数キロの場所にあった。したがって、地主仲間が公女の母に宛てた手紙の中で、ドゥルツキ家の子息たちが当地に来ることが望ましいと書いたのはもっともな助言であった。しかし、ドゥルツキ家の倅たちはいずれも軍務についていた。

母親は、娘に打った電報で、工兵士官である下の息子が休暇をとれないのなら自分が行くつもりだと知らせてきた。だが、それを受け取ったクリスティーナは自らが赴くことを決心する。従妹は引き留めようとするが、クリスティーナは、鉄道でウーニニェツを経由してバラノヴィチェまで辿り着く。母親は、どうしてバラノヴィチェで、そこからリダを経由してオレホーヴィチに至る鉄道の接続があることを彼女に教える者がいなかったのかと悔しがる。結局、公女はバラノヴィチェから当時はポーランドで最もソヴィエト国境寄りに位置する終着駅となっていたストウプツェまで鉄道で行き、そこから荷馬車に揺られて二〇キロほど離れた小邑ルビェジェヴィチェに向かう。

ルビェジェヴィチェからラコフまでは四〇キロばかり、スタールィ・ラコフまでだと四七キロほど離れているが、彼女はそのいずれに向かうにせよ、荷馬車を見つけられないときは徒歩で行くつもりであったという。ストウプツェの駅からルビェジェヴィチェまで、一人の士官が彼女と同じ荷馬車に乗り合わせていた。この士官に、クリスティーナは、ラコフにいる老いた乳母に会い、それからノーヴェポーレに行きたいと話したという。それを聞いて、危険だからやめた方が良いと諭す士官の警告に彼女は耳をかさない。そこで彼は、その夜はルビェジェヴィチェの司祭館に泊めてもらい、翌日、当地の領主アントニー・オシポヴィチがラコフに向かうから、それに同行することを

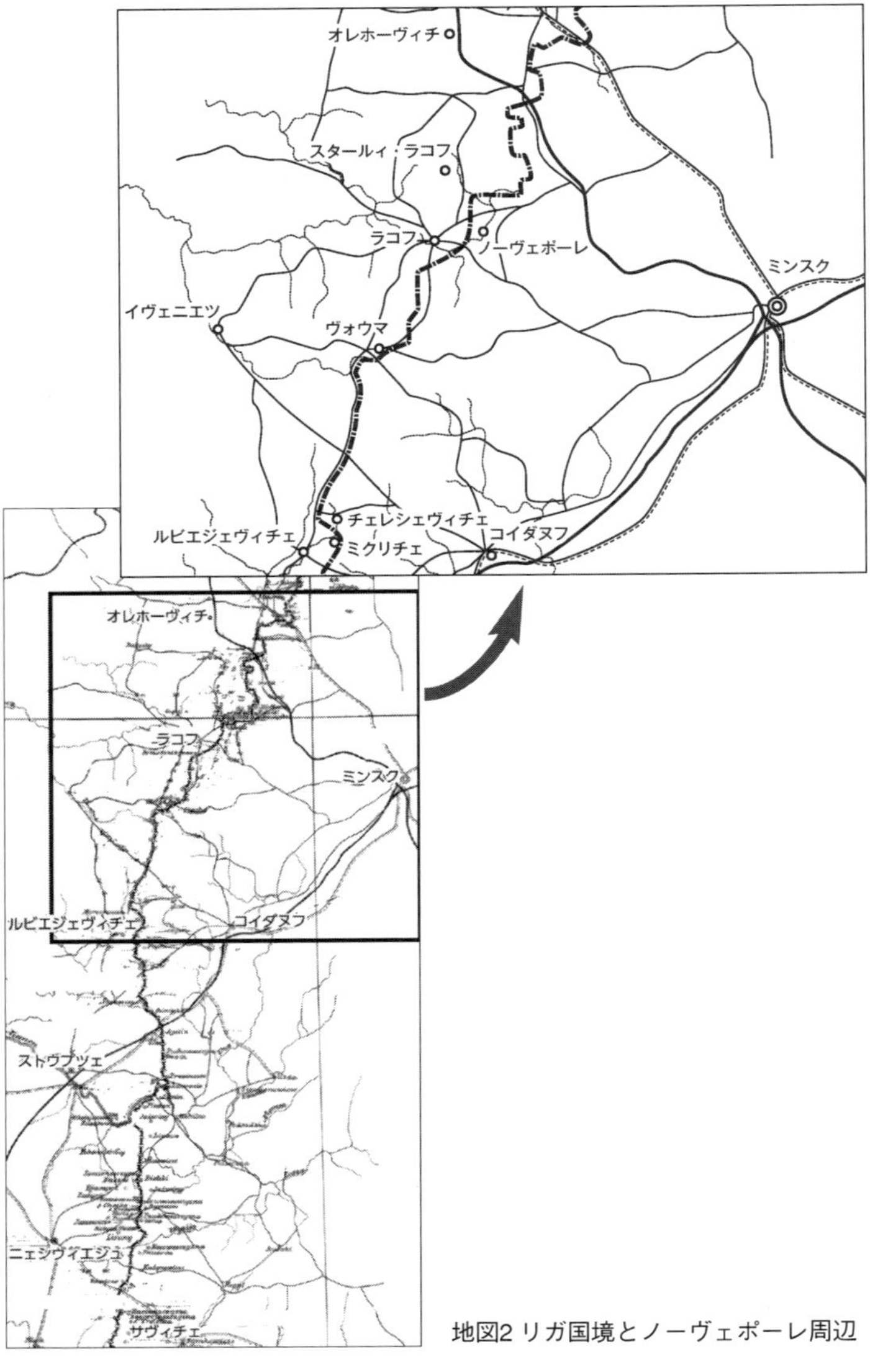

地図2 リガ国境とノーヴェポーレ周辺

ところまで歩いてゆくわ。

勧める。母親によれば、自分の問題に人を巻き込むことを好まない彼女は、こう答えた。ルビエジェヴィチェからラコフに電報を打って馬を寄越すように頼んでおいて、その馬に出くわすところまで歩いてゆくわ。

ここで名前が挙がっているオシポヴィチは、ルビエジェヴィチェからラコフに通じる街道沿いに住む地主《シュラフタ》で、彼の所領はリガ条約に付された地図では文字通り境界線上に位置していた。おそらく彼も「合同国境委員会」に陳情に向かうところだったのであろう。ちなみに、最終的に画定された国境では、彼の所領はポーランドに含まれることになった。ルビエジェヴィチェ近郊では、今日でも、オシポヴィチはソヴィエト側に金品を渡して自領の東を国境線がとおるように引き直してもらったと語られているが、のちに見るように、境界周辺のポーランド人を少しでも救済しようと奮闘した国境委員会の活動を見るならば、はたして賄賂説が正しいのかどうか疑問である。

さて、クリスティーナは、士官に語った通り、ルビエジェヴィチェに着くと郵便局に行き電報を依頼した。しかし一般の電報は受けつけておらず、依頼できるのは軍関係者のみだという。そこで、その日のうちに徒歩で出発することを決心した公女は、町中の一軒でミルクをごちそうになり、道を尋ねる。道は、町の端にたつ教会のところで二手に分かれる。ひとつは、はじめのうちだけ電報の柱が立ち並び、国境の向こう側のチェレシェヴィチェへと通じる道であり、もうひとつは電報の柱が一定間隔で沿道に並ぶ砂地の街道である。ここで、公女は致命的な誤りを犯す。道別れからすぐのところに、道に挟まれてカトリックの墓地がある。この墓地を右手に見ながら街道をゆくべきところを、彼女はソヴィエトとの国境へとのびる道をとった。巡回するソヴィエトの警備兵に遭遇したのは間もなくのことである。警備兵は彼女を拘束し、チェレシェヴィチェの村に連れていき、家屋の一室に閉じ込めた。この村から国境まではわずか二キロほどである。まもなくコイダヌフ（一九三二年にジェルジンスクと改称）に連行されると知った彼女は、逃亡を決意する。

部屋を見張っていた兵士にコップ一杯の水を乞い、それを飲み干した後に用を足したいと申し出る。母が記すところでは、この兵士は、彼女を一人で行かせ、その後についてゆこうとしないだけの人間的な振る舞いを見せるが、公女はこの機会を逃さなかった。走って逃げだし、チェレシェヴィチェの村の家屋が立ち並ぶところまでたどり着いたが、それを見たいまいましい村の悪童どもが騒ぎ出した。「うわー、捕まった女が走って逃げるぞ」。しかも悪童どもは逃げないように前後から挟み撃ちにし、彼女を躓かせようと足に石を投げつけてくる。公女は転んだ。いつまでも大声をあげつづける悪童たちの騒ぎに、警備兵たちも気づいて小銃を手に走り寄ってくる。さらに逃げ出そうとする公女に、若い兵士が追いすがった。彼女は腕時計や持ち金をすべて差し出し、逃がしてくれと懇願する。それを拒んだ兵士は彼女の顔を打った。その時、彼女は、ポレーシェの従妹と別れるとき護身用にと渡され、袖の中に隠し持っていたブローニング自動拳銃を兵士に向けて放った。弾は腹部に命中し、その兵士は数時間後に死亡する。他の兵士たちは怯んだか、遠方から撃ちかけてはくるものの、その弾は公女に当たらない。クリスティーナは後方に銃を放ちながら再び駆け出した。もう一人の兵が被弾した。警備兵たちは彼女を追ってすでにポーランド領に入っていた。この様子を目撃した地元の者が兵士たちの言葉を記憶している。「気をつけろ、ここはポーランド領内だ」。

突然、茂みの中から銃声が聞こえ、彼女は足を撃たれて倒れた。立ち上がったものの、足を砕かれており、また倒れ伏した。その時、馬に乗った警備兵が現れて、彼女の前に立ち塞がり軍刀を抜いて公女の頭上に振り下ろした。五月六日金曜日午後六時のことであったという。警備兵たちはいったん国境外に逃げ去ったが、その後も国境を越えて現場に近づこうしては、ポーランドの警備兵に拘束されることを恐れて向こう側に引き返した。しかし、彼女がポーランドのスパイであったことにして自分たちの犯行行為を言い繕うため、深夜に国境を越えて現場に辿り着き、ついに公女の亡骸を持ち去った。

母親の怒りは、ポーランド領内の近郊の住民にも向けられる。ソヴィエトの兵士が国境を侵犯しているというのに、ポーランドの警備兵が気がつかないとは。また、境界付近で叫び声や銃声が響いているのだから、近くに所領を持つ地主はそれを耳にしたであろうに。結局、惨殺された公女の亡骸は、六時間近くもその場に放置され、ソヴィエト側に持ち去られたのである。

その後、公女の亡骸はコイダヌフに運ばれ、教会の庭に墓石もおかれないまま埋められた。その時、コイダヌフでコミッサールを務めていたのが、偶然にも公女の亡き父親と懇意の間柄であったユダヤ人であった。彼は、兵士が提出した書類に公女の名前を認めると、「何てことをしてくれた。どうして殺した」と悔し気な声をあげた。兵士が仲間を殺されたことなどを説明すると、コミッサールは「お前らがみんな殺されて、彼女だけ生きていた方がましだった」と語ったという。母親はこう記している。「これら警備兵の殺人者どもが罰としてソヴィエト当局によってロシアの奥地に流刑となったというのは、本当かしら？」

母親の回想からは、公女が死んだのは危険な脱出を敢えて試みたせいだ、しかも銃まで使ったからだと彼女の振る舞いを批判がましく語る人々が当時いたこともうかがえる。

ポーランドの駐ミンスク領事の尽力で、母が公女の亡骸を発見し、取り戻すことができたのは、事件から五年近くたった一九二六年三月のことである。クリスティーナはラコフにある教会の墓地に改葬された。

「ベラルーシの主人《ボヤーレ》」の怒り

公女の殺害は辺境《クレスィ》のポーランド人社会に大きな驚きをもって迎えられた。サヴィチェ（地図2を参照）に所領と邸をかまえる旧大貴族《マグナート》の大地主エドヴァルト・ヴォイニウォヴィチもこの悲劇に衝撃をうけた一人である。辺境《クレスィ》の名家として誉の高い伯爵家の当主で、当地のポーランド人の公的活動

クリスティーナ・ドゥルツカの墓（ラコフ）

の中心をなしたミンスク農業協会の総裁を務め、またロシア国会の開設後はその上院議員としても選出されたヴォイニウォヴィチは、文字どおりミンスク一帯におけるポーランド人社会の指導者であった。若い娘と息子の死を悼んで彼が創建した聖シモン聖ヘレナ教会は、今もミンスクにその姿を見せている。

ところが、このヴォイニウォヴィチもまた、リガ条約による辺境《クレスィ》のポーランド社会の悲劇を象徴する人物であった。公女クリスティーナと同様、彼もポーランド独立後の辺境《クレスィ》における戦乱から逃れるため、しばしば所領のサヴィチェを離れなければならず、また邸にいながらにして略奪も経験している。そして、シェンキェーヴィチが三部作を執筆する際に参照したとも言われるヴォイニウォヴィチ家に代々伝えられてきた貴重な文書類も戦乱の中で失われたのである。

この間、ヴォイニウォヴィチはリトアニア、ベラルーシの地主の代表として、ワルシャワにピウスツキを訪ねている。一九二〇年六月と言えば、ソヴィエトとの戦争の局面が変わり始めた時期であるが、彼が国家主席に謁見を求めたのは、進められつつあった土地改革について地主の立場を説くためであった。かつては辺境《クレスィ》で名声をほしいままにした「ベラルーシの主人《ボヤーレ》」を迎えたのは、ピウスツキの冷淡な態度であった。長く待たされたうえ、誰もヴォイニウォヴィチのことを気にかけるものもおらず、ようやく姿を現したピウスツキに対し、ともに貴族《シュラフタ》出身であることを語りかけても、ピウスツキは共感を表すような仕草を見せなかった。むしろ、彼は、淡々と地主層に対する批判を行ったのである。

サヴィチェのヴォイニウォヴィチ家邸宅（古写真）と現在の邸宅跡

ヴォイニウォヴィチが所領のサヴィチェに戻ったのは、ピウスツキとの会見の翌七月で、これがサヴィチェで過ごす最後となった。赤軍の到来を前に、彼は西へと向かい、ワルシャワなどに滞在した後、一九二一年末にはビドゥゴシチに腰を落ち着けることになった。その間、ソヴィエトとの戦争は終わり、二一年三月にはリガ条約が締結される。ヴォイニウォヴィチの所領サヴィチェは、リガ条約で定められた国境からわずか一〇キロばかりのところにあった（地図2参照）。国境線を具体的に明記したリガ条約第二条には、境界線上にある地名が列挙され、ポーランド、ソヴィエトのいずれに残されるのかが記されている（史料二を参照）。サヴィチェは、休戦条約、リガ条約いずれの条文にも、ソヴィエト側に残されると明記されていたため、有力大貴族《マグナート》の家柄を誇るヴォイニウォヴィチにもなす術はなかった。

ワルシャワの住宅事情の悪さなども関係していたと思われるが、ビドゥゴシチには、ポズナンとともに、リガ条約によって所領がソヴィエト領内に残されたため、やむなくポーランドに移ってきた辺境《クレスイ》出身者が多く居住していた。ビドゥゴシチには、零落して生活に困る辺境《クレスイ》出身者のために、慈善活動として運営される食堂もあった。かつて莫大な資産を有していたヴォイニウォヴィチも、つましい生活を強いられる身となっていたが、かれは辺境《クレスイ》出身者の協会を立ち上げてその運営に尽くし、同郷の人々を様々なかたちで支援したのである。

ヴォイニウォヴィチは、晩年になってもリガ条約を繰り返し非難しつづけている。リガで条約交渉にあたった代表たちや条約を批准した議会も批判しているが、その矛先は、ミンスクを含むベラルーシをソヴィエトに渡すことに異を唱えなかった辺境《クレスィ》以外のポーランド人社会にも向けられている。亡くなる前年の一九二七年に、やはりベラルーシの大貴族《マグナート》出身の著名な文学者で、当時はステファン・バトーリ大学（ヴィルノ）の総長であったマリアン・ズジェホフスキに宛てた手紙の中で彼はこう記している。「誰一人として、リガ条約を変更しようなどとはしないではないか。マウォポルスカ、ヴィエルコポルスカ、王国の者どもは、辺境《クレスィ》に対して自分たちが犯した罪やその結果生じた損失について、頭が悪すぎて理解が及ばないのだ」。

第二章　ポーランドの独立と東方の戦乱

一九二〇年夏

一九二〇年夏、ワルシャワは、破竹の勢いで押し寄せる赤軍を前に、騒然とした空気につつまれていた。七月二〇日には、グロドノが占領され、敵がニエーメン（ニャームナス）川を越えたとの知らせが届く。すでに、北東方向からワルシャワへの道は開かれたのも同然である。

平均で一日二〇キロという快進撃を見せて西に向かうトゥハチェフスキー指揮下の軍に北東方面のポーランド軍は追いたてられ、すでに壊乱状態に陥っていた。グロドノの陥落につづいて、その五日後にはビャウィストク放棄の命令も下される。まもなく赤軍が入城したビャウィストクには、ユリアン・マルフレフスキを議長に、フェリックス・ジェルジンスキら、ソヴィエトで活動するポーランド人革命家によるポーランド臨時革命委員会が設立され、ポーランド人民に向けた呼びかけも出された。これが、ソヴィエトによって制圧された後のポーランドに樹立される新政権への布石であることは自明のことであった。

そのビャウィストク近郊に展開する赤軍とワルシャワの北東一五〇キロほどのところにあるウォムジャとの間には、すでに軍隊の体を維持したポーランド人部隊は見あたらず、そこには散り散りになって指揮官もなく、ただ途方に暮れてうろつく兵士たちが見られるだけという。脅威は東南方面からも迫っていた。ウクライナから北上したブジョンヌィの騎兵団は、七月はじめにはルヴネに迫り、ルヴネ近郊では、わずか六十人のボリシェヴィキ兵の前に一連隊を擁するポーランド軍が逃走したという醜態ぶりも首都に伝わってきていた。

政府が移る先はポズナンか、それともクラクフか。ワルシャワでは首都の放棄も話題となりはじめ、首都の各銀行もつぎつぎと移転にとりかかる。クラクフは、チェコスロヴァキアでいつ何時ボリシェヴィキによる権力の奪取が行われるかもしれないからやめた方が良い、などという会話すら聞かれるありさまである。各国外交団の動きも慌ただしくなり、イギリス大使も帰国の準備を急いでいるとの噂が流れる。七月二四日に成立したばかりの国民防衛内閣の首班となったヴィンツェンティ・ヴィトスの回想によれば、彼に会見を求めてきたローマ教皇庁の大使アシーレ・ラッティ（のちのローマ教皇ピウス十一世）も、ポーランドの敗北を必至とみて、自らの外交団の安全をばかり気遣っている様子で、首都放棄の時期を大そう知りたがっていた。このときヴィトスは、政府にはワルシャワを離れるつもりはないと答えという。ヨーロッパ中がポーランドの運命を、文字どおり風前の灯のように見守っていた。

それでは、独立以降のポーランドにいったい何が起こったのであろうか。赤軍がポーランドの奥深く、ワルシャワの目前まで迫るという事態はどのようにして生じたのであろうか。

宣戦布告なき戦争のはじまり

ロシアの内戦の行方を見守り、早晩、ボリシェヴィキに代わる政権が誕生するものと考えていた連合諸国は、ポーランドの独立後も、その東部国境に関しては明確な態度を表明しようとしなかった。しかし、新生ポーランドの国家首席の座についたユーゼフ・ピウスツキは、東部の国境を連合国の裁定に委ねるつもりはなかった。東方にポーランドとの連邦によって結ばれた国家群を創り出すことを願うかれは、軍事力により既成事実を積み重ねることで、それを実現しようと考えた。

大戦後もポーランドの東部に展開していたドイツ軍が、一九一九年に入り撤退を開始すると、それと入れ替わるようにボリシェヴィキの部隊が各地に姿を現すようになり、ヴィルノではポーランド人部隊との間で衝突を引き起こしていた。「宣戦布告なき戦争」と言われるポーランド・ソヴィエト戦争は、こうしてすでに始まっていた。ポーランド軍は、ソヴィエト軍が占領していたヴィルノを同年四月に制圧し、さらにリトアニア領の奥深くに侵入してリトアニア軍との間で戦闘を交えることになった。両国関係は悪化したが、リトアニア問題の解決を自らの連邦構想の突破口にしようとするピウスツキは、同年夏にかけて、様々なルートを通してリトアニア側との協議を試みる。しかし、リトアニア政府との交渉を断念せざるをえなかった彼は、ポーランド軍の諜報部（参謀本部第

ユーゼフ・ピウスツキ

二課）にも協力させてカウナスのリトアニア政府に親ポーランド派の人物を送り込み、場合によってはクーデタも辞さない強引な手法に訴えようとした。だが、ポーランド側の意図が事前に露見し、ことは失敗に終わった。こうしてポーランド・リトアニア関係は悪化の一途をたどり、さしあたり連邦の相手をリトアニアに見出すことは不可能となった。

この間、ピウスツキは、ウクライナ方面で活動していた反革命軍のデニーキンとも接近を試みている。しかし、デニーキンにはポーランド側と領土をめぐる交渉を行うどころか、ポーランドの主権すら認める気のないことがわかると、ピウスツキは逆にデニーキンを危険視し、同年夏にデニーキン軍がモスクワを目指して北上を開始すると、数週間にわたって赤軍に対する軍事行動を控えることすら行ったのである。しかし同年秋になってデニーキンが敗退を重ねるようになると、ピウスツキは軍を再び東に向け、やがて西ドヴィナ川とベレジナ川の線にまで到達した。

幻の「ボリスフ講和」

一九一九年末になると、各地の白軍を次々と破ったソヴィエトで、西欧への革命の輸出という考えが復活するようになる。一九年末から二〇年はじめにかけて、ソヴィエトからポーランドに対して講和の呼びかけが繰り返されるが、この時期のソヴィエトの平和攻勢については、ポーランド外交史のスタンダードな通史でも、国際世論とポーランドの世論に揺さぶりをかけることが目的であるとか、戦争に至った際にはその責任をポーランドに押しつけるためであったなどという点が強調されている。しかし、二〇年一月二八日に出されたロシア・ソヴィエト共和国人民委員会評議会の声明は、ポーランドの独立と主権を無条件で認めるばかりでなく、赤軍が「現状のラインを越えない」と謳ったもので、それによってポーランドが占めることになる領土は、リガ条約により獲得される領土を凌駕するはずであった。こうした条件のもとでソヴィエトが行った講和の提案は、のちに「ボリスフ講和」などとも呼ばれ、ポーランドが広大な東部領土を獲得しうる絶好の機会であったとして、惜しむ論者が少なくない。

ポーランド側は、結局四月までソヴィエト側と講和交渉の開催について意見を交換しつづけることになるが、ポーランドが交渉場所として前線に近い小邑ボリスフに固執したために、より正確には交渉場所をめぐる意見の不一致を口実として講和を拒んだために、ソヴィエト側の呼びかけは実らなかった。ピウスツキもまた、この提案をソヴィエト側による軍事的な優位を確保するための時間稼ぎと考えていた。彼の目からすれば、東部の領土を獲得するには軍事力によってソヴィエトに勝利するほかなかったのである。ソヴィエト側からの打診がつづけられている間、ピウスツキは次の行動に移る準備をすすめていた。

キエフ遠征

リトアニアとの連邦問題で躓いたピウスツキの目は、ウクライナに向けられていた。一九二〇年四月二一日、ピウスツキはシモン・ペトリューラのディレクトーリア政府と協定を結び、その三日後には軍事同盟を締結した。そして、ペトリューラをポーランド軍の支援のもとにキエフへ進撃させ、ウクライナの左右両岸にまたがる政府を樹立させようとしたのである。四月二五日、キエフ遠征が開始され、ポーランド・ウクライナ軍は、五月八日にはキエフへの入城をはたした。

しかし、ピウスツキにとっての「キエフはナポレオンにとってのモスクワの役割をはたした」(A・プルフニク)。キエフを占領はしたものの、赤軍はキエフから東方の奥深くに早々に退き、これに打撃を与えることもできなかった。また、期待されていた地元住民からの支持の獲得も芳しい成果をあげられなかった。こうして進退が窮まったところに、赤軍の反攻が開始されたのである。

敗走

五月半ばには、北方の戦線で赤軍が反攻に転じていた。六月には反撃に出たポーランド軍が再び敗北すると、戦況はポーランド側に不利に傾いていった。六月はまた、ルーマニアとの国境付近にあったブジョンヌィの騎兵師団がポーランド軍右翼の背後を衝いて、これを潰走させ、六月一〇日にはポーランドとウクライナの両軍はキエフを捨て、それと入れ代わりに赤軍が入った。七月に入ると、トゥハチェフスキーの率いる北方方面軍が大規模な攻勢に出て、東部に展開していた各地のポーランド軍は退却を重ねていた。ワルシャワに、連日のように各地からポーランド軍の劣勢や敗北が伝えられるようになるのはそれ以後のことである。

スパでの屈辱

七月に入り、戦局がいっそうの悪化をみせる中で、ポーランドでは政府と議会および軍部の代表者から構成される国防評議会が設置された。それを主宰したのは、国家首席で軍最高司令官を兼任するピウスツキであったが、議会がその設置を決議し

出征するポーランド軍を見送るピウスツキ

たのは、ソヴィエトとの戦争を敢行し、深刻な事態を招いてなおも戦争継続を唱えるピウスツキを監視下におく必要があったからである。

折しも、ベルギーのスパで開催されていた連合国の会議に、国防評議会は外相を派遣して窮状を訴え、さらには組閣して間もない首相のヴワディスワフ・グラプスキも現地に乗り込んで援助を得るための交渉にあたった。しかし、ポーランドに対する連合国側の風あたりは強く、ポーランドの窮状も自業自得と言わんばかりの厳しい姿勢をみせた。結局、ポーランドが望む軍事援助は受け入れられなかったばかりか、グラプスキは、チェコスロヴァキアとの間に生じていたチェシン地方の帰属をめぐる問題を連合国の判断に一任することにも同意する羽目となり、その後まもなく同地方のほんどがチェコスロヴァキアに与えられたのである。さらにはヴィルノについても、ポーランドの首相はリトアニアへの移譲に同意を迫られたのである。しかし、ポーランドはこれらの条件を呑むしかなかった。

またイギリスがソヴィエトとの講和の仲介を引き受けることになり、その条件にはポーランドの東部国境も含まれていた。講和の条件とされた東部国境は、一九一九年一二月八日に連合国最高会議が提示したポーランドの民族誌的国境（カーゾン線）に、それに先立ち連合国ポーランド問題委員会から提出されていた東ガリツィア問題についての勧告（同年六月一七日）に示されたラインとをつないだものであった（口絵の地図1を参照）。ところで、ポーランド問題委員会による勧告には、ルヴフ（リヴィウ）の西側にラインを引き、同市を自由市とするA案と、ルヴフと油田地帯とをポーランドに帰属させるB案とがあったが、スパでポーランド首相に提示された条件ではB案が採用されることになっていた。七月一一日、英外相カーゾンはソヴィエト政府に対して講和を仲介する用意のある覚書を送った。ところが、そこに示されていた国境案は、ポーランド軍が東ガリツィアのほぼ全域を依然として実行支配下においていたにもかかわらず、A案が用いられていたのである。これについては、外務省内での「技術的な誤り」という解釈もあるが（A・チェンチャワ）、反ポーランド的な姿勢で知られ、外務省内でこの問題の実務を担っていたルイス・ネーミアが意図的に書き変えたと指摘する専門家もいる（B・エーベルハルト）。しかし、ソヴィエトはイギリスの仲介による講和交渉を拒否し、ポーランドとの直接講和の準備があると伝えてきた。すでに八月も末のことである。

未曽有の困難

ワルシャワに戻ったW・グラブスキは、国防評議会にスパでの協定に対する了承を求めた。結局、スパでは、ポーランド側が求めた援助は一切得られず、領土の問題で一方的に譲歩を強いられただけに終わったことになる。しかし、同評議会も首相が署名してきた文書を承認するほかなかった。国防評議会がそれを了承する二日前の七月一一日、東プロイセンのマズーリ、ヴァルミア両地方では、国家的帰属を問う住民投票が行われていた。結果はポーランド側にとって完敗とも言えるもので、民族性の問題と国家的帰属のそれとが必ずしも重なりあうわけではないことを示すものなのか、それともポーランドが国土を赤軍に蹂躙される中ではポーランドが選択肢とはなりえなかったのか、その結果をめぐっては様々な解釈が現われたものの、いずれにしてもポーランド語を話す「マズーリ人たち」はドイツへの帰属を望んだのである。

W・グラブスキ内閣が七月二三日には総辞職すると、それを襲って、農民党ピャスト派の党首ヴィトスを首班に社会党の指導者ダシンスキを副首相とする連立政権が樹立され、国難を前に発足したこの政府は「国民防衛内閣」と呼ばれた。首相に就任して間もないヴィトスのもとに、西方の中心都市ポズナンから驚愕すべき知らせがもたらされる。政府が移転する際の最有力の候補地と一般の目には映っていたポズナンを擁する旧ドイツ領のヴィエルコポルスカは、新生ポーランド国家の中でもとりわけ分離主義的な傾向が強く、特別に設置された旧プロイセン領担当省のもとで自治を謳歌している観すらあった。そのヴィエルコポルスカでは、ピウスツキと現下の政府に対する批判が高まり、赤軍の東進に備え、ポズナンを新首都とする新政府と新たに編成された軍を設ける動きが進められていたが、一部には、ヴィエルコポルスカとポモージェを他のポーランドから分離して、独立国家「西ポーランド」を樹立しようとする動きさえ見られるというのである。ヴィトスは、赤軍がいよいよヴィスワ川の対岸に迫ろうとしていた八月一三日、秘書官長ら数名を従えてポズナンに赴き、同地の鎮静化をはからなければならなかったのである。

こうした混乱の中で、物騒な政治的事件や陰謀のうわさも飛び交った。八月七日、国家主席の執務室のあるベルヴェデール宮殿で、ピウスツキのもとで書記官長を務めるスタニスワフ・ツァールがある士官に撃たれて怪我を負ったという情報がながれ、政界関係者を驚かせたが、これは根も葉もない噂であった。また、北方の戦況視察に派遣されていた者が、ウォムジャのレストランでたまたま耳にした士官たちのひそひそ話は、現状打開の最良の策として、まずドヴブル将軍を殺害し、ハレル、ロズヴァドフスキの両将軍を逮捕した上で、ピウスツキがソヴィエト政府に対等な立場での交渉を呼びかけるという計画であった。

ここに名の挙がっている将軍たちは、いずれも反ピウスツキ派と目されていた人々である。ユーゼフ・ドヴブル・ムシニツキは、大戦期までロシア軍に勤務していたが、独立後のヴィエルコポルスカで組織されたポーランド人部隊の指揮官として迎えられ、同地域では絶大な人気と信頼を得ていた。赤軍の進撃を前に、首都をワルシャワからポズナンに移し、戦線をヴァルタ川まで退いて防衛ラインを構築するというのが彼の意見であり、ポズナンで政府と軍を建て直そうという動きの中でも、彼はピウスツキに代わり軍最高司令官に就く人物と目されていた。ユーゼフ・ハレルも、もとはロシア軍の士官であったが、大戦中に連合国側に鞍替えし、フランスの支援のもとで編成されたポーランド軍の司令官となった。独立後、麾下の部隊を率いて帰国した彼は、ポーランド各地を転戦し、首都の防衛線にも参加している。ドヴブルもハレルも国民民主党に近く、同党と激しく対立するピウスツキにとり、両将軍は確かに邪魔な存在ではあった。もう一人名が挙がっているタデウシ・ロズヴァドフスキは、軍人としての経歴をオーストリア軍ではじめ、大戦後は講和会議のポーランド代表団に軍の代表として加わり、その後もパリにとどまっていた。その彼は、戦況の悪化の中で祖国に呼び戻され、七月二二日に軍参謀総長に就任したばかりである。ポーランドの危機を案じて、ピウスツキに対し同将軍の起用を呼びかけたのは、フランスのフォッシュ元帥であったと言われる。

さて、士官たちの陰謀の話はハレル将軍の耳にも入ることになったが、将軍はそのようなクーデタもありうると考えていたと語ったという。この計画を囁きあっていたのは、大戦中、ピウスツキがロシア領ポーランドで創設したポーランド軍事組織の元団員たちではないかと考えられている。

一方、ほぼ同じ時期、ピウスツキの命を狙った陰謀も存在したことが伝えられている。ワルシャワのピエンクナ通りに住む愛人（一九二一年に結婚して二人目の妻となるアレクサンドラ）のもとに通うところを襲うという筋書きで、右派の議員からある騎兵大尉が話をもちかけられたという。このクーデタ計画の詳細は不明だが、その計画の背後には当時、ピウスツキから撤退を重ねていた南部方面の司令官就任を請われてこれをことわり（これはドモフスキの助言にしたがった行動という情報もある）、首都移転に備えるポズナンに向かったドヴブル将軍がいたのではないかとも言われる。

いずれにしてもこれらの話はすべて、その真偽のほどはともかく、ポーランドが軍事的敗北を重ねる中で、出身分割領や独立前の経歴などの相違を背景に、軍内部に沈潜していた対立や相互不信が表出したものと言えるだろう。こうした絶望的なまでに混沌とした情勢の中で、ソヴィエトとの直接交渉に向けた準備がすすめられていた。

第三章　休戦・予備平和のゆくえ

全権団の出発

一九二〇年八月一四日の早暁、十数台の車列がミョドーヴァ通りにある外務省を発ち、朝の静寂を破ってヴィスワ川に架かるキェルベジ橋に向かった。遠くにはくぐもった砲声が響いていたが、首都はまだ週末のまどろみの中にあった。まもなく一行は人影も車影もない橋にさしかかり、ブラガを経て東へと向かった。途中、ポーランドの部隊と荷車に家財を積んで避難する人々と行き違う。美しい朝であったが、重苦しく憂鬱な雰囲気につつまれていた。車列はやがてソヴィエト軍の前線に差しかかる。そこはワルシャワの中心部から二五キロしか離れていない。そこからボリシェヴィキの大尉が乗った車に導かれ、一行は前線司令部へと向かった。道はまっすぐに伸び、空っぽだった。ときおり道の左右に、赤軍の兵士や掘ったばかりの塹壕が姿を現した。ソヴィエトとの休戦交渉に向かうポーランド代表団の全権ヤン・ドンプスキはリガ条約の調印から十年後に出版した回想の中で、ミンスクに向けて出発した日の情景と心象をこのように記している。彼が首都を発った八

ヤン・ドンプスキ

月一四日といえば、前日から始まったヴィスワ河畔の戦いのさなかのことである。

　ポーランド政府はこの一行を送り出す前に、休戦の話し合いのために代表団を派遣したことがあった。さしあたり休戦の必要だけを考えていた国防評議会では、休戦の話し合いであれば軍人が代表として出向くべきという議論と文官を推す意見とが出され、結局サピエハ外相が能力を高く評価する内閣書記官長のヴワディスワフ・ヴルブレフスキを長とする代表団が七月三〇日にワルシャワを発った。ところが交渉の地とされたバラノヴィチェに赴くと、休戦と予備平和の同時交渉を主張するソヴィエト側によって、前者の権限しかもたない一行は交渉相手として拒否され、八月四日には首都に戻ってきたのである。その間にも戦況はポーランドにとりさらに悪化していた。そうした中で、休戦と予備平和の双方について交渉にあたる権限をおびた代表団が新たに編成されたのである。ソヴィエト側から新たに指定された交渉の場所はミンスクであった。

　ドンプスキの一行はブク河畔のブジェシチに到着した後、そこから鉄道でミンスクに向かった。ミンスク駅に到着したのは八月一六日夜のことでる。そこまでの途次に起こった手違いやもたつきはすべて、ポーランド側の目からすれば、ヴルブレフスキ代表団に対する扱いと同様、戦闘が有利に進展し、ワルシャワの陥落も近づいたとみるソヴィエト側による意図的な交渉開始の引き延ばしに他ならなかった。

ポーランドの代表団は国防評議会の決定によって、政府、議会、軍部それぞれの代表から構成されることになった。まず議会からの代表は、スタニスワフ・グラプスキ（国民民主党）、ヴワディスワフ・キェルニク（農民党ピャスト派）、ノベルト・バルリツキ（社会党）などの六名から成り、いずれも有力政党の指導的人物であった。強い権限をもち、「主権議会」とも呼ばれた当時のポーランド議会で平和条約も批准される。その議会の動向を左右する有力諸政党を代表するこれら政治家の代表団における立場は自ずと強いものになったため、一行は「議会代表団」などとも綽名されることになった。全権のドンプスキは外務次官を務めていたが、同時に農民党ピャスト派の議員でもあったため、彼の立場は政府と議会のいずれを代表することになるのかが国防評議会でも話題になったが、そこでは明確な結論が出されないまま、ドンプスキに一任されることになったのである。その他、軍を代表する将軍が一名、また最初の交渉団を率いたものの目的をはたせなかったヴルブレフスキを含む二名の政府代表が加わった。採決に参加する権利をもつ以上の代表たちのほかに、一行には複数の専門家や秘書官らの随員も従ったが、専門家として随行した者の中には社会党の議員フエリクス・ペルルも含まれていた。顔ぶれを見る限り、ポーランドの東部国境と国家構想（連邦主義か併合主義か）の問題をめぐるそれぞれの立場には相違があり、その点においてポーランド代表団は呉越同舟の観があった。

ミンスクに到着したポーランド代表を待っていたのは、行動が厳しく監視され、自由も大幅に制限された「監獄にも似た」待遇であった。宿所で代表内の会合をもつ際も小声で話すか扉のところに見張りを立てねばならなかった。また外部との連絡も到着後の数日にわたり遮断され、政府との電文でのやりとりすらままならなかった。ポーランド側は独自の無線装置を持ち込んでいたが、はじめのうちはその設置すら認められず、ようやく設置されてもそれは毎晩のように「故障」したという。こうして、ワルシャワの戦いの結果を全く知らないままに、ポーランド代表団は交渉に臨むことになったのである。

ヴィスワの奇跡

戦局は大きく転換していた。八月一二日、ピウスツキは首相のヴィトスに国家主席と軍最高司令官の職を辞する旨、手書きでしたためた文書を託し、自ら前線に出陣していった。ヴィトスによれば、そのときピウスツキは、もし戦いに敗れることがあった場合、もはやポーランドには連合諸国にすがりつくしか道は残されていないであろうし、またそうならばこれら諸国は自分が現在の地位にとどまったままでは救いの手を差し伸べないであろうからと語ったという。

八月一三日から始まったヴィスワ河畔の戦いはその翌日には本格的な戦闘に発展し、とりわけワルシャワの攻防戦は、首都の東と北から押し寄せるトゥハチェフスキー指揮下の赤軍の猛攻の前に、ポーランド軍が第二防衛ラインへの撤退を余儀なくされるという厳しい戦況をみせていた。しかしルツィアン・ジェリゴフスキ将軍麾下の部隊が、首都の東北方面に位置する防衛拠点の奪回に成功し、また北方からの攻撃に備えていたヴワディスワフ・シコルスキ将軍指揮下の第五軍が果敢に攻勢に転じたことが幸いし敵軍を破ると、形勢が逆転し始める。また、自軍の通信施設が一部破壊されたことで、司令部との連絡を欠いたままプウォーツク方面に深入りするかたちとなった赤軍を、第五軍がその後続の部隊と遮断する勢いを見せたため、ワルシャワ北方の赤軍は潰走を始めた。

東南方面でも、ピウスツキの指揮のもとヴィエプシュ川の前面に翼を広げたように布陣したポーランド軍が八月一六日に総力をあげて攻撃に転じていた。ポーランド軍は敵の防衛線を破ることに成功して赤軍の左翼を崩すかたちとなり、さらに北上したポーランド軍がワルシャワ方面に深く入り込んで戦う赤軍部隊の背後をうかがう形勢になったため、赤軍は壊乱状態に陥り、東プロイセン方向に向かって退いていった。戦局の不利を見てとった赤軍の西部方面軍司令部は、一七日から一八日にかけて、ついにヴィスワ川のラインからの撤退命令を出したのである。六月以来、破竹の勢いでポーランド軍を追い詰めていったソヴィエト軍ではあるが、北方に展開するトゥハチェフスキー指揮下の軍と南方の諸軍との間にはしだいに空隙が生じていた。ピウスツキはこれを理解していなかったと言われるが、いずれにしても最高司令官としての彼の下でポーランド軍は勝利を収めたのである。

以上が「ヴィスワの奇跡」と呼ばれるポーランドの軍事的勝利である。この言葉はピウスツキに敵対する人々、とりわけ右派の諸勢力によって、ワルシャワの戦いにおけるピウスツキの功績を否定し、その勝利を偶然ないし神のご加護の結果とみなす立場から用いられるようになる。右派の新聞などでは、この勝利は、ピウスツキとともに作戦の立案にあたったフランスの軍事顧問マクシム・ウェイガン将軍、あるいは参謀総長のロズヴァドフスキや志願兵の編成に尽くしたハレル将軍の功績として伝えられた。一方、ワルシャワの戦いでの勝利を軍最高司令官の天才的な戦術によるものと考えるピウスツキの支持者たちは、「ヴィスワの奇跡」という言葉にピウスツキに対するあからさまな敵意を見てとったのである。

ところで、このような意味を帯びた「ヴィスワの奇跡」という表現を最初に用いたのは、戦間期ポーランドを代表するジャーナリストのスタニスワフ・ストロンスキである。確かに彼はピウスツキに激しく敵対する右派の政治家でもあったが、初めてこの表現を用いたのはピウスツキへの称賛に水を差すためではない。そもそも彼が『ジェチポスポリタ』紙に「ヴィスワの奇跡」と題する論説を掲載したのは、首都の攻防戦もまだたけなわで、その勝敗の行方もわからない八月一四日号である。それは、第一次世界大戦中、パリに迫ったドイツ軍をマルヌ河畔でフランス軍が破った、いわゆる「マルヌの奇跡」にちなみ、ワルシャワにもそうした奇跡の起こることを願うものであった。また彼が「マルヌの奇跡」を念頭におきながらポーランドの戦局に触れるのもこれが初めてではなく、六月三〇日号の論説でも「奇跡」について言及されているのだが、いずれにせよ論説のタイトルとして用いられたこととポーランド軍が圧勝したという事実とによって「ヴィスワの奇跡」という言葉は歴史に残ることになった。その後、ポーランド語では Cud Wisły とともに Cud nad Wisłą とも表記されるようになるが、これについて、ストロンスキはのちに前者の場合、ヴィスワ川が何か生あるもののように表現されているのに対して、後者ではそうした意味合いが失せてしまったとも述べている。

ヴィスワ河畔での戦いに勝利したポーランド軍は、全戦線において再び東方に向けて進撃に移る。そして八月末頃までには、北はヴィヤウィストクから南はブジェシチにいたるラインをほぼ再占領し、その戦線をさらに東へと拡大していった。

ミンスクの命令

ミンスクでは、ポーランド代表団が戦況についての情報を欠いたまま交渉に入ろうとしていた。ソヴィエト側の全権は、ラトヴィア出身のボリシェヴィキで野戦司令部のコミッサールを務めるカルル・ダニシェフスキーであった。八月一七日に行われた最初の会合で、ソヴィエト代表はまず、ロシア社会主義ソヴィエト連邦共和国とともにウクライナ社会主義ソヴィエト共和国も交渉の当事者として認めるように要求し、会議用語もポーランド語、ロシア語、ウクライナ語の三言語とすることを求めた（ただし議事録はポーランド語とロシア語）。これに対して、ポーランド側からは、副全権のヴルブレフスキが、ポーランド代表にとりロシア・ソヴィエト共和国とウクライナ・ソヴィエト共和国との関係は明瞭なものではなく、後者はかなりの程度まで前者の中に組み込まれているものと考えていると述べ、疑義を呈した。休戦・予備平和交渉の前提問題として、その後も焦点となる「ウクライナ問題」の登場である。

つづく一九日の会合でもこの問題に固執するソヴィエト側に対し、ドンブスキは、ソヴィエトから成る連邦という体制は全く新しい制度であり、これまでの国家形態になじんできた者には理解しがたいもので、しかも「われわれはウクライナ共和国をロシア・ソヴィエト共和国の構成部分だとみなしている」と応じた。そして彼は、自分たちには主権をもった国家としてのウクライナと交渉する権限を与えられていないので、この件についてはワルシャワの政府に問い合わせなければならないと述べた。

つづいてソヴィエト側から講和条件が示された。ソヴィエトが提示した条件は、ポーランド軍は五万人以下とし、また労働者から募った民警《ミリツィア》を設置して治安の維持にあてること、ソヴィエトの人や物資がポーランド領内を無制限に通行できることなど、それは「降伏命令」にも似た内容であった。国境についても、ポーランドとの直接交渉に同意した七月末のチチェーリンの覚書には、連合諸国が提示しているライン（一九一九年一二月八日に決定されたライン）よりもポーランド側に有利な国境線を提案する準備があると謳われていたにもかかわらず、ミンスクで提示されたのは、カーゾン英外相が七月一一日の覚書で示した例のラインであった。そこでは、ヴィヤウィストクとヘウムの両地域でポーランド側への配慮が若干行われることが予告されているものの、ポーランド側にとっては受諾できる内容ではなかった。外部から遮断され、ソヴィエトの新聞がワルシャワ陥落を伝えているなどという風聞が漏れ聞こえるような境遇におかれたポーランド代表に、ダニシェフスキーは高飛車な態度で条件の受諾を迫り、正確な情報を入手できるまで回答を引き延ばそうとするポーランド側の態度を「交渉のサボタージュ」として非難したのである。「失うものなどない。悪条件の条約などいつでも調印できるのだから。」というのが、当時のドンプスキの心境であったという。

密使ラデック

その後まもなく（代表の一人グラプスキによれば八月二〇日）、待ちに待った知らせが届く。無線技術者がワルシャワの参謀本部の発表を伝える電波を補足することに成功したのである。ワルシャワでの勝利と赤軍の撤退を知ったポーランド代表は、二三日に行われた三度目の交渉の席で、ソヴィエト側の提案を「いかなる国民も独立と主権をそのように制限されることに同意できないであろう」として正式に拒絶し、またミンスクにおけるポーランド代表に対するそれまでの侮辱的な扱いを強く批判した。だがすでにソヴィエト側の態度にも明らかな変化が見られた。そうした折、もとはポーランドの社会主義者で、その後ボリシェヴィキと行動をともにしていたカロル・ラデックが、外務人民委員チチェーリンの特使としてミンスクに到着する。

ラデックはポーランド時代の同志や知己であったバルリツキ、ペルル、キェルニクらと極秘会談を行うことになった。それに先立ちポーランド代表団では、ラデックを通じて交渉場所をミンスクからいずれかの中立的な国に移す提案を行うことを決定している。また合意に達するための前提として、今後はポーランド側がウクライナの問題に口を挟まない代わりに、ソヴィエト側もリトアニアの問題に干渉しないことをラデックに申し入れることが決まった。ラデックの来訪により、交渉場所の変更問題は速やかに解決された。ポーランド外相からの正式な申し入れに、チチェーリンはすぐに同意し、エストニアのいずれかの都市を候補として挙げた。しかし、新たな場所はポーランドが希望したラトヴィアのリガとすることで決着したのである。ポーランド側との会談の中で、ラデックはソヴィエト側の代表が交代すること、ロシアの側では平和を支持する声が高まっていることを告げ、また内々の話として、それまでよりも有利な国境案が提示されるであろうことを仄めかした。

交渉の指針をめぐって

ひとたびワルシャワに戻ったポーランド代表団は、国防評議会に対してリガで交渉にあたるための指針の提示を求めた。九月一一日に行われた同評議会ではまずドンプスキからミンスクでの交渉内容とともに、ラデックから得た情報などからソヴィエトが休戦・講和の実現に傾いているとの感触を得ていることが報告された。彼によれば、ミンスクを発つ前、ダニシェフスキーも「ロシアでは平和を支持する勢力の方が優位になっている旨、ラデックが書きおくってきた」と告げたという。

その日の議論では、とりわけ東部国境の問題をめぐり意見の激しいやりとりが行われている。まず休戦のラインと平和条約のラインとを分けて考えるべきかどうかについては、全権団の一人として議論に加わったスタニスワフ・グラプスキが、平和条約の際にソヴィエト側が休戦時のラインよりもポーランド側に有利なラインを認めるかもしれないというのは幻想にすぎず、両者は分かち難いものなので同時的に解決されるべきであると主張し、それが指針として認められた。

つづいて具体的な境界線をめぐる議論に移ると、参謀総長ロズヴァドフスキから軍事的な観点を考慮した国境案が示され、それをめぐって議論は紛糾する。軍が求めたのは、北方ではリダより三〇～五〇キロ東方に、南方ではズブルチュ川よりも東側にラインを引き、ウーニニェツ、サルヌィ、ルヴネ、プウォスキルフ、カミェニェツ・ポドルスキを繋ぐ鉄道をポーランド領内に確保することであった。これに対して副首相のイグナツィ・ダシンスキ（社会党）はズブルチュ川より東にラインが設定されている点を特に指摘し、それはポーランドがさらに一五〇万もの正教徒を抱え込むことを意味するものであり、国の将来を考えれば極めて危険なことであると反対の立場を示した。全権を務めるドンプスキ（中道政党の農民党ピャスト派）も、「今日ですら四〇〇万ものウクライナ人を抱えているのに、さらに一〇〇～一五〇万ものウクライナ人が入ってくれれば、われわれはもたないであろう」と、ダシンスキと同様の趣旨を繰り返して反対した。人口に占める少数民族の割合を出

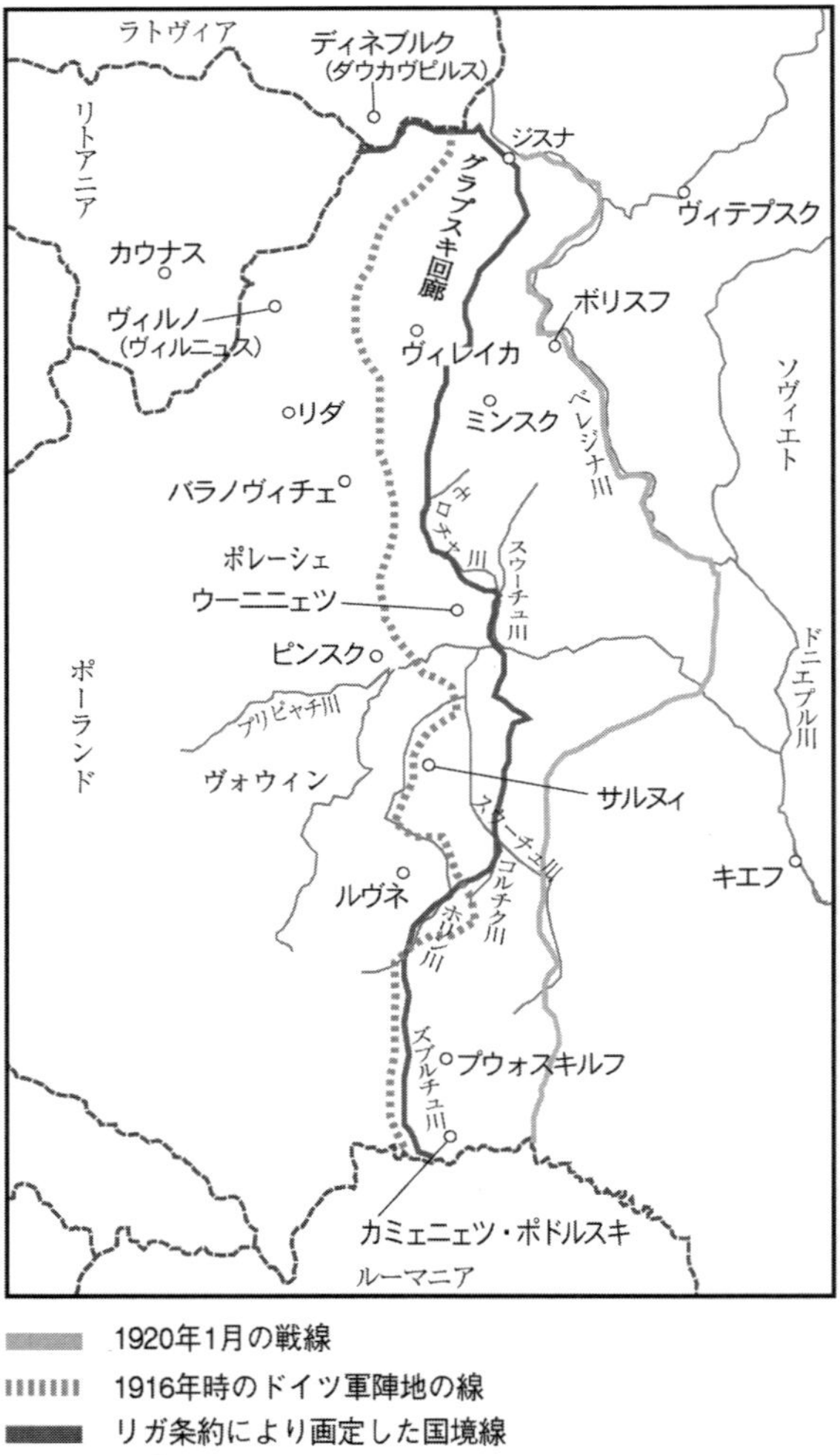

地図3　ポーランド東部地域

来るだけ制限し、民族国家を志向するのはむしろ国民民主党をはじめとする右派の立場であるが、このように中道派や左派の議員たちからも、境界線を不用意に東方に広げることで国内の少数民族を増やすことへの危惧が相次いで表明されたのである。議会《セイム》の議長を務める国民民主党のヴォイチェフ・トロンプチンスキも軍部の提案を批判したが、その際彼は旧ドイツ軍陣地のラインがカトリックと正教徒との境界に相当するという独自の見解を示している。

他方で、国民民主党の見解に近いはずの右派政党の議員から、軍部の案を支持する発言が行われているのは興味深い。キリスト教民主党のアルテミウシュ・チェルニェフスキは、ポーランドの民族誌的国境を防衛するためにも、その前景地となる領域を確保する必要性を強調して軍の提案を支持した。彼はこう述べている。「ソヴィエト軍の反攻が始まったとき、ポーランド軍の最前線がベレジナ川ではなく、旧ドイツ軍陣地のラインであったならば、今頃ワルシャワは敵の手に落ちていたであろう」。さらに彼は、ドモフスキ線（口絵の地図1を参照）はもっと広大な領域を求めていたのに、それを作成した国民民主党が軍部の提案を広すぎるとして斥けるのも妙な話だと皮肉っている。その国民民主党の議員ヤン・ザウースカは激しく反発し、キエフ遠征の失敗によってポーランド人が帝国主義者呼ばわりされている状況下でドモフスキ線を掲げることなど現実的ではなく、国民民主党はそれをとっくに放棄していると言い返した。

結局、軍部の提案は採決によって否決され（賛成四、反対一一、棄権二）、代わりに北部と中央部では旧ドイツ軍陣地のラインを、南方ではホリン、ズブルチュの両河川を境界線とする政府の提案が指針として採用されたのである。ただしそれは代表団が固守しなければならない決定事項ではなく、東部の境界線に関してあまりに法外な要求を行うことでソヴィエト側に交渉決裂の口実を与えないことも指針として加えられたのである。

こうした議論が行われている間にも、ポーランド軍は撤退するソヴィエト軍を追って東進をつづけていた。しかし国防評議会の議事録からうかがわれるのは、戦争の継続を避け、なるべく早期に講和を達成したいという、立場の如何を問わず議員たちに共通して見られる思いである。彼らには、戦争に倦み疲れたポーランド社会がソヴィエトとの戦争にこれ以上耐えられるとは思えなかった。その一方で、ポーランドの政府や議会が早期の講和を望む背景には、翌二一年三月に予定されている高地シロンスクでの住民投票までには戦争を完全に終結させねばならないとの思いもあった。

第一次世界大戦中の旧ドイツ軍陣地跡
（スモルゴン / ベラルーシ）

ドンプスキ対ヨッフェ

九月一四日にワルシャワを発ったポーランド代表の一行は、グダンスクからイギリス海軍の艦艇でリャパーヤ（リバウ）まで行き、そこからは鉄道でリガに入った。代表団の中核を占める議会代表の数が一名（中道政党の国民労働党からの代表）減って五名となったが、結束して代表団の見解を主導していくことになる三名の議員、すなわち国民民主党のグラプスキ、農民党ピャスト派のキェルニク、社会党のバルリツキの顔ぶれは変わらなかった。そして政府の代表が入れ替わり、ピウスツキ派の二人が加わることになった。一人は東部辺境《クレスィ》の諸民族の問題に精通する政治家のレオン・ヴァシレフスキ、もう一人がリトアニアの法制史を専門とする歴史家で、政府の要職も歴任しているヴィトールト・カミエニェツキである。当時はそれぞれ駐エストニア大使、駐ラトヴィア代理公使の任にあった。一方、ソヴィエトの代表を率いたのは外交畑での経験が豊かなアドリフ・ヨッフェであった。

リガ条約の交渉と調印が行われた旧ギルド会館

ポーランドがリガを交渉の地として望んだのは、ラトヴィアはポーランドが国境を接する諸国の中でルーマニアとともに数少ない友好国であったからである。九月二一日、ラトヴィア外相による歓迎の挨拶の後、両国の代表が一堂に会して行われる初の全体会合が開

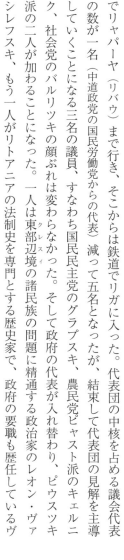

かれた。以後、一〇月一二日の休戦・予備平和条約の調印まで双方による協議がすすめられていくことになる。

まず会議の冒頭で登場したのが、ウクライナの代表権問題である。先に見た国防評議会ではウクライナの代表権問題についても協議が行われ、休戦・講和の合意を実現するためにウクライナ・ソヴィエト共和国も交渉相手とすることを決定していた。ポーランド側全権のドンプスキには、彼自らが署名にも加わったペトリューラとの協定のこともあり、個人的にはウクライナ・ソヴィエトを承認したくない気持ちも強かった。また連邦主義の支持者でもある彼にとって、ウクライナ・ソヴィエトの代表権を承認することはペトリューラのウクライナ人民共和国との絶縁を意味し、それはピウスツキが追求してきた連邦構想の破綻を意味するものでもある。しかしドンプスキは、その承認なしには交渉が始まらない休戦・講和実現のために、国防評議会の決定に従いウクライナ・ソヴィエト共和国の代表権承認に同意した。

ヨッフェからポーランド側がウクライナの代表権を認めたとの知らせを受けたソヴィエト政府は、さらにベラルーシ・ソヴィエト共和国の承認を得ようと、同国の全権とする人物を急派してソヴィ

リガでの交渉

エト代表団に加えた。ソヴィエト側の狙いは功を奏し、ポーランドはウクライナ共和国とともにベラルーシ共和国の代表権も承認することになった。ただし、「ベラルーシの全権」として派遣された人物がベラルーシの正式な全権ではなかったために、この問題はロシア・ソヴィエト共和国がベラルーシ・ソヴィエト共和国の全権を兼ねるという装いをとることになる。

九月二四、二七日と全体会合が重ねられ、双方の代表から交渉の前提や休戦条件が提示されたが、議事ははかどらなかった。そこで、全体会合の中心的な権限を引き継ぐ中央委員会を設置し、また個別の問題を議する領土（国境）、法、経済・財政の各委員会を設けて交渉がすすめられることになった。そして、第一回の中央委員会が九月二八日に開催され、ソヴィエト側からの提案が示された。そこには国境についての提案も含まれていたが、それは南部においてはズブルチュ川のラインが境界とされていたものの、北部から中央部にかけては基本的には連合国による一九一九年一二月八日の決定（カーゾン線）に沿ったラインであり、グロドノからブジェシチまでのラインが少々東寄りに引かれていたにすぎなかった。

この提案が出されると、ポーランド側はそれを議するために一日半の猶予を申し出る。その時ヨッフェは、全体会合を中央委員会に改めても交渉が遅々として進まぬ状況に、ドンプスキに対して全権だけによる会談を申し出た。ヨッフェが交渉の進展を望む背景には、なおも戦闘のつづくポーランドとの戦争に早く終止符を打ち、フランスの支援をうけて同年の夏以降、南部で活発な動きを見せるウランゲリ将軍の白軍に西部方面の兵力を投じたいというソヴィエト側の事情もあった。いずれにせよリガでの交渉は、ドンプスキとヨッフェ、そしてそれぞれの秘書官の四名だけによる秘密会談の中で行われることになった。

その間のやりとりの中で明らかになったのは、ソヴィエト側が東ガリツィアの帰属問題をとり上げる姿勢を見せていることであった。東ガリツィアでは一九一八年一一月、リヴィウ（ルヴフ）で西ウクライナ人民共和国の樹立が宣言されると、それを許そうとしないポーランド人と独立を願うウクライナ人との間で激しい戦闘と抗争が展開された。しかし一九年に入りポーランド軍がウクライナ人勢力を境界の外に追い落とすと、東ガリツィア全域はポーランドによる実効支配の下におかれることになった。これに対して連合国は同地域のポーランドへの帰属をなかなか認めようとはせず、一九年一一月にはポーランドによる暫定的な委任統治（二五年間）という決定を下していた。ところが連合国は、夏以降注視してきたロシアのデニーキンによるモスクワへの攻勢が失敗に終わると、同年末には先の決定をさしあたり停止することにしたのである。その後東ガリツィアは、事実上ポーランド領として統治されていたが、国際的にはその帰属はまだ定まっていなかった（口絵の地図1参照）。その東ガリツィアの問題にソヴィエトが干渉することは、ポーランド側を強く刺激した。ポーランド代表団では、これまで東ガリツィアがロシアに帰属したことはなく、またポーランド・ソヴィエト間で協議する問題でもないとの立場から、以後の交渉で東ガリツィアを俎上にのせることは断固として拒否することを決定している。これに対してヨッフェは、自分としては東ガリツィアに固執するつもりもないので、政府にポーランド側の立場を伝えておくと語ったという。

ポーランド代表団における議論

ドンプスキとヨッフェによる直接交渉は一〇月一日に始まった。ドンプスキは、全権同士の直接のやりとりが思いのほか交渉をはかどらせるものであると感じ、ヨッフェも手ごたえを感じたものとみえ、交渉は連日行われた。こうしてリガでの休戦・講和の条件は、五回におよんだ全権同士の秘密会談の中で事実上決定されていくことになった。

ところで一〇月四日には二回目の中央委員会が行われているが、すでに重要な問題は秘密会談の場で話し合われている以上、同委員会の開催は本質的な意義をもたなかった。しかし同委員会が何日も開かれない様子に、交渉決裂の噂が立ち始めていることもあり、世論を安心させるために開催する必要があったという。

第一回目の秘密会談で先の国境案を繰り返し、リダ、バラノヴィチェ、ウーニニェツ、ルヴネ、ブローディを結ぶ鉄道はウクライナ人かベラルーシ人の手に残すべきだと語るヨッフェに対し、ドンプスキはポーランドとしては到底受け入れられない案として峻拒する。しかしドンプスキはヨッフェとの会談を通じ、ソヴィエトにとってウクライナの問題は絶対に譲れないものである一方で、ベラルーシについてはポーランド側の自由にしてよいという意向を相手がもっているとの感触を得ていた。このことはドンプスキの回想に書かれているが、グラプスキも自らの回想の中でドンプス

ポーランド代表団における審議

キのこの叙述に触れ、個人的にはソヴィエト政府がベラルーシをまるごとポーランドの影響下に差し出す用意があったとは思えないとしながらも、ドンプスキにはヨッフェと極秘の会談を行う中でそう感じられたのもしれない、それも誤った印象ではなかったのかもしれないと記している。そしてポーランド代表の間で、ドンプスキの報告をもとに、国境についての見解の統一がはかられることになった。

代表たちの間で最も意見が分れたのは、中部、すなわちポーランド側の意向に委ねられていると考えられたベラルーシの処遇をめぐる問題である。ここで議論の行方に大きな影響をもったのが、スタニスワフ・グラプスキの発言であった。彼は独自の国境観に基づいて、ミンスクとその周辺地域をポーランドに編入しようとする意見を斥け、中部でのラインを西寄りに設けることを主張した。彼によれば、正教徒はポーランドに対してだけでなく、ロシア人に対しても愛着をもっていない。だからベラルーシ民族運動の中心であるミンスクをわざわざポーランド領内に編入して、のちのちまでベラルーシ人による国境修正要求《イレデンティズム》に苦しめられるよりも、それをベラルーシ共和国、つまりはソヴィエトの側に残してあちら側での不穏の種としておいた方が良いというのであった。

その一方でグラプスキは、北部に関してポーランド、ラトヴィア両国が国境で接するためには境界を西ドヴィナ川まで到達させる必要があると説き、西ドヴィナ川沿いの町ジスナとその周辺地域の編入を主張したのである。ミンスクを採らず、あえてその北方にあるヴィレイカとジスナとをつないでラトヴィアに達する地域を設けようとする彼の意図から、ヴィレイカからジスナに至る細長い地域は「グラプスキ回廊」あるいは「ラトヴィア回廊」とも呼ばれた（地図3を参照）。これは、リトアニアとソヴィエトとが直接の国境をもたないように打ち込まれる楔の意味をもっていた。

ポーランド代表団の連邦派にとって、ベラルーシ、とりわけミンスクの帰属は連邦構想の成否に関わる問題である。激論の末に採決権をもった代表による採決が行われ、グラプスキの提案が採択された。ドンプスキの回想には「投票では多数がミンスクをポーランド国境の外におく決定に賛成した」としか記されていない。一方、グラプスキは自らの回想の中で、ヴァシレフスキとカミェニエツキの二人だけが反対し、ミェチスワフ・クリンスキ将軍も含めた残りの代表は自分の提案に賛成したと述べているが、軍司令部から連邦派支持の訓令を受けていたとされるこの将軍は採決を棄権したと考えられる。そして採決の結果は、賛成が五名、反対が四名あった。

最後に南部に関してはズブルチュ川までとし、それ以東にあるカミェニェツ・ポドルスキやプウォスキルフはポーランド人住民の多い地域ではあるが、ソヴィエト側に残すことが決定された。ここでもグラプスキは、ロシアとの永続的な平和を確立するためにはウクライナを事実上ロシアの利益圏に残すという明確な証明を与える必要があるのだと主張し、代表団の面々に同意を求めたのである。

グラプスキはミンスク滞在中から、キェルニク（農民党ピャスト派）、バルリツキ（社会党）の二人の議員と協議を重ね、信頼関係を築くことに成功していた。その結果、この「三人衆《トロイカ》」は、ふだんは激しく対立しあう右派、中道派、左派のそれぞれ議員であるにもかかわらず、リガではグラプスキを中心に結束し、国境の画定に決定的な影響力を行使したのである。

合意

一〇月二日に行われた二回目の秘密会談で、ドンプスキは最大限の案を示しておいて取引の中でそれを削っていくような方法ではなく、はじめからもうこれ以上の譲歩は認められないという案を提示したいと前置きしたうえで、ヨッフェに代表団で決定された国境案を示した。それは、北部では先にも見たようにヴィレイカからジスナに至る領域を含み、また中部から南部にかけてはバラノヴィチェ、ウーニニェツ、サルヌィ、ルヴネのラインから東に三〇～四〇キロのところに引かれたラインである。

これを見たヨッフェがミンスクのあたりではどこまでなのかと問うと、ドンプスキはコイダヌフ

（地図2を参照）と答えている。ヨッフェによれば、これらのラインはいずれもロシアにとっては戦略的には不利なもので、政府からはもっと西寄りにラインを設定するようにとの訓令を受けているので、政府に伝えて回答を待たねばならないという。また、ヴィレイカとジスナの領有の希望を聞いてグダニスクに通じる「ポーランド回廊」のことが頭に浮かんだのであろうか、ヨッフェがどうしてポーランドは「回廊」が好きなのかと問うと、ドンプスキの秘書として立ち会っていたアレクサンデル・ワドシが「そうではない。必要なのだ」と答えたという。

ヨッフェとドンプスキ

一〇月五日、ようやく合意のときが訪れる。第五回目の秘密会談にあたるこの日の様子は、ドンプスキの回想によると次のようなものであった。ドンプスキはあらためてポーランドが提案した領土問題に対するソヴィエト側の意向を訊ねた。するとヨッフェは、まだ克服しなければならない点はあるものの、それらはその日の内にも解決されるであろうと語り、もしポーランドが遅くとも一〇月八日までに休戦条約に署名するならば、ソヴィエトはポーランドの要求をすべて認めるであろうと明言したのである。ヨッフェから言質を得たドンプスキが、すぐさまソヴィエト側が求めているものを問うと、ソヴィエト全権はポーランド側に対して承認を望む三項目を挙げたのである。ひとつは平和条約の規程、とりわけ法的な諸規程について、それが最後通牒の性格を帯びるものではない点を認めること、二つ目はロシアによる金の支払いに関する条項を削除し、それに代わってポーランド王国が商業活動においては活発であり、ロシアに比べて文化的にも経済的にも進んでいるといった点を考慮した条項にすること、最後にポーランドが北方に設ける回廊を経由したリトアニアおよびドイツへの自由なトランジットをソヴィエトに認めることであった。

ドンプスキは夕方七時までの会議中断を申し出て、これがヨッフェに了承されると、ポーランド代表団のもとに赴いて会談内容を伝え、協議に入る。その後協議が終わり交渉が再開されると、ポーランド側の回答はこうであった。一点目と三点目については同意する。二点目については、提案されているような形式をとることに同意はするが、ただし休戦条約の調印と同時に、ロシアが将来一定量の金をポーランドに支払うことなどを記した追加議定書も調印されるという条件でなら承認する。つづけて、休戦の合意が成ったことを記したプロトコールがロシア語で作成され、それはポーランド語にも翻訳された。そしてこの日の夜、両全権はそれに署名したのである。

一〇月八日に予定されていた休戦・予備平和条約の調印はそれより四日遅れの一〇月一二日にポーランド、ソヴィエト両国の代表、いや正式にはポーランドと、ロシア・ソヴィエト共和国およびウクライナ・ソヴィエト共和国の代表一四名の署名によって行われた。

その翌日、ポーランド代表団はリガ駐在の各国の外交官や外国の記者を招いて休戦条約調印を祝う宴席を設けた。その挨拶の中で、全権のドンプスキはリガ条約により定められた境界についてつぎのように総括している。「われわれの東部国境については、ポーランド側に一定の割合の非ポーランド系住民が残り、他方でウクライナとベラルーシでは多くのポーランド人が国境外に残されることになったことを忘れることは出来ない。それゆえリガ国境とは、双方の利益を考慮した妥協の国境である。分割前のポーランド国家は、七三万四〇〇〇平方キロもの版図を誇ったが、現在のポーランドは三八万八〇〇〇平方キロを領有するにすぎず、こうした領土の縮小はほとんどもっぱら東部で行われたことを、われわれは記憶しておかねばならない」。

ヴィルノ占領

休戦・予備平和条約の正式調印が予定されていた一〇月八日、ジェリゴフスキ将軍が麾下のリトアニア・ベラルーシ師団を率いてヴィルノ市を占領した。ジェリゴフスキは大戦期にはロシア軍に勤務していたが、独立後にポーランド軍が創設されるとその将官となり、ワルシャワの攻防戦でも功績のあった人物である。この事件が起きたのは、東方へと退く赤軍を追って、一九二〇年九月末に行われた「ニエーメン河畔の戦い」にポーランド軍が勝利した直後のことであるが、ジェリゴフスキも麾下の部隊を率いてそれに参加していた。

ジェリゴフスキ自身が記すところでは、この戦いの後に軍最高司令官のピウスツキと会った際、

ルツィアン・ジェリゴフスキ

ピウスツキは彼に向かいヴィルノをポーランドの手に収める必要を熱く語ったという。しかしポーランドは七月にスパ会議の席で連合国から求められたヴィルノのリトアニアへの移譲にすでに同意している。そのためピウスツキとしては、それでなくとも連合諸国から厳しい目で見られているポーランドが国際条約に違反する軍事行動を起こすことはためらわれる。そのため選択肢として残るのは、ジェリゴフスキが東部辺境出身の兵士で構成される麾下のリトアニア・ベラルーシ師団を率い、しかもポーランドの政府と軍に対する「叛乱《ブント》」を装って行動を起こすことであるという。ジェリゴフスキによれば、ともにヴィルノ近郊の出身であるピウスツキと彼とは、歴史的リトアニア再建の必要性を認める点では全く考えが一致していた。ちなみにピウスツキはヴィルノから六〇キロばかりのところに所領をもつ地主《シュラフタ》の出身で、邸が火災に見舞われたのちは家族とヴィルノに移り住んだことがあった。

一〇月八日、ジェリゴフスキ将軍は指揮下にある師団を動かして、ヴィルノに向けて進軍を開始した。リトアニア軍の抵抗は微弱で、ヴィルノは短時間で「叛乱軍」の占領下に置かれた。ヴィルノの将来を憂いた部隊による、政府と軍の意向を無視した自発的行動などという茶番な方便が通用するはずもなく、ポーランド政府には連合国からの強い抗議が寄せられ、キエフ遠征時につづいて再

ピウスツキ家の邸宅跡とかつてピウスツキの両親の寝室があった場所に樫の木を植樹する妻アレクサンドラとモシチツキ大統領。（1937年10月）

ピウスツキが洗礼を受けた聖カジミエシュ教会（パヴォヴェレ／リトアニア）と教会内部にあるピウスツキへの賛辞を記した額

ピウスツキは1867年にジュウフ（現リトアニアのザラヴァス）の所領に生まれたが、1875年に邸が火災にあって後は家族とヴィルノで暮らした。今日、邸宅跡にそびえる樫の木にはポーランド国旗を表す赤白の帯が巻かれ、跡地にはピウスツキを顕彰する碑が設けられている。しかし、邸宅跡を一歩出るとピウスツキの生家跡を示す表示等は一切設けられておらず、また聖カジミェシュ教会内部にはピウスツキの洗礼証明書が展示されているものの、教会の外部にはピウスツキに所縁のあることを示すものは見あたらない。これは、リトアニアに依然として残るピウスツキに対する批判的な評価を反映するものでもある。

びポーランドは、侵略者ないし帝国主義者として国際世論の厳しい批判にさらされることになった。しかし、当時駐イタリア大使としてローマにあったコンンスタンティ・スキルムントによると、この問題に対するイタリアの世論は総じて穏やかであった。イタリアの政府や社会は、ヴィルノの占領をダヌンツィオによるフィウメの占領と重ね合わせ、ジェリゴフスキの行動に理解を示したからであるという。

まもなくジェリゴフスキは、占領下においたヴィルノと周辺の三郡を「中央リトアニア」と命名し、現地のポーランド人を中心とする「中央リトアニア臨時統治委員会」を置いて「新国家」の統治にあたらせた。ピウスツキはヴィルノ占領の計画をすすめる中でベラルーシ人の協力を得る必要を認め、配下の者にベラルーシ人指導者たちとの協議を重ねさせていた。ベラルーシ民族運動の指導者たちは占領後のヴィルノにおける民主的な政府と議会の創設を約束するピウスツキに当初期待し、ポーランド側との協議に参加した。のちに中央リトアニア臨時統治委員会の教育局ベラルーシ課長に就任するブラニスワフ・タラシキェーヴィチによれば、ベラルーシ人とポーランド人との協議の場では占領後のヴィルノの名称について

中央リトアニア臨時統治委員会

も話題にされたが、そこで最も多くの賛同を得たのは「西ベラルーシ」であった。ところがベラルーシ人たちがヴィルノに赴く間、すでにピウスツキが「中央リトアニア」に名称を決定してしまっていたという。それではなぜ「中央リトアニア」なのであろうか。

連邦への執念

休戦条約は一〇月一二日に調印されたが、休戦の発効は一六日とされていた。そのため、一二日以降も戦闘は継続し、ポーランド軍はさらに東へと進みつつあった。そうした中で、ブワク・バワホーヴィチ将軍の部隊がミンスクを占領し、「ベラルーシ共和国」の樹立を宣言したという報せが国内を駆けめぐった。しかしこれは誤報で、同将軍の部隊はミンスクよりもさらに南方のポレーシェ一帯で活発な活動をつづけていた。

複雑な民族的出自をもつスタニスワフ・ブワク・バワホーヴィチは、状況に応じて自らをポーランド人、ベラルーシ人あるいはタタール人と名乗り変えていく辺境の風雲児であった。ピウスツキはこの人物を、「今日はポーランド人、明日はロシア人、明後日はベラルーシ人、恐らく明々後日はアフリカ人だろう」と皮肉っているが、その一方で彼に対しては、ベラルーシの出身者から構成されるその麾下の部隊に「別働同盟軍」という名称を与え、ポーランド軍の指揮からは独立した軍事力という装いのもとに活動を行うよう指示していた。

リガでの休戦交渉の結果はひとまず連邦構想を挫折させることになったが、ピウスツキはそれをあきらめるつもりはなかった。ペトリューラと組んだウクライナとの連邦の試みは潰えたものの、ジェリゴフスキの下に置かれたヴィルノ地域を「中央リトアニア」として、ミンスクを首都とする「ベラルーシのリトアニア」（ベラルーシ共和国）と連合を組ませ、さらにカウナスの「民族的リトアニア」をこれに参加させて旧リトアニア大公国(歴史的リトアニア)を復活させるというのが、さしあたり彼の目標であったとされる。その場合、ポーランドがこの連合と組んで連邦を結成し、そこでは盟主としての役割を演じるはずであった。

かりにピウスツキがこうした構想を真摯に追求しようとしていたとしても、実際にはその実現のための現実的条件を欠いていた。それまでポーランド側から幾度となく行われてきた連邦結成の誘いを拒みつづけるカウナス政府を、中央リトアニアを切り札として、今度こそ連邦に引き入れることができると見たピウスツキの読みは再びはずれる。ヴィルノ占領という暴挙を前に、カウナスのリトアニア政府はポーランドに対してそれまで以上に激しい敵愾心を示すようにな

旧中央リトアニア議会の建物
（現在はロシア劇場として使われている）

ったからである。また、リガ国境によりミンスクがポーランドの国境外におかれることがすでに決定し、ミンスクがソヴィエトのベラルーシ共和国に帰属することが決定した以上、ブワク・バワホーヴィチの率いる独立軍が同年一一月に入ってもなお、ベラルーシ一帯で戦闘を継続していたとはいえ、「ベラルーシのリトアニア」はもはや夢物語でしかなかったのである。

こうして、中央リトアニアという名称は、その左右に配されるはずの翼をもたないまま存在しつづけなければならないことが明らかとなり、その名称も存在自体も意味を失った。東西二つの「リトアニア」の中央に位置することがかなわなかった「中央リトアニア」に、あえてポーランドから自立した政治単位でありつづける必要はもはやなかった。一九二二年二月二〇日、中央リトアニア議会は、ポーランドへの編入を求める決議を採択し、ポーランド議会はこれを承認したのである。

第四章

［史料一］　休戦・予備平和条約

ポーランド共和国とロシア社会主義連邦ソヴィエト共和国およびウクライナ社会主義ソヴィエト共和国間の予備平和・休戦協定（一九二〇年一〇月一二日、リガ）

第一条

双方の締約国は、民族自決の原理に則り、ウクライナおよびベラルーシの独立を承認し、またポーランドの東部国境、すなわち一方でポーランドと、他方でウクライナおよびベラルーシとの間の境界を以下のラインとすることに同意し、決定する。

ロシアとラトヴィアの国境から、ジヴィナ（西ドヴィナ）川に沿って、旧ヴィルノ県が旧ヴィテプスク県の境界と出会う地点に至るライン、そこからさらに、（中略）

第二条

双方の締約国は、相互に国家主権を尊重しあい、他方の締約国における内政問題にいかなるかたちでも干渉しないことを保障する。したがって、双方の締約国は、締約国の一方との武装闘争を目的とする、あるいはその国家・社会体制の打破を目的とする、あるいはその領土での破壊活動を行うような組織を創設したり支援したりしないことを、また同様にもう一つの政府の役割を自らに課すような組織を創設したり支援したりしないと、平和条約に明記する義務を負う。（中略）

第三条

双方の締約国は、ポーランド、あるいはロシアないしウクライナの市民権を自由に選択する権利（選択権《オプツィア》）についての規定を平和条約に明記する義務を負う。これに関連して、選択の権利を行使する者（市民権選択者《オプタント》）には、例外なく、平和条約において双方の市民に認められているすべての権利が付与される。

第四条

双方の締約国は、一方でロシアおよびウクライナのポーランド人に対しては、ポーランドのロシア人とウクライナ人が享受する文化や言語の自由な発展、宗教的儀式の執行を保障するあらゆる権利を、他方でポーランドのロシア人とウクライナ人に対しては、ロシアとウクライナのポーランド人が享受する文化や言語の自由な発展、宗教的儀式の執行を保障するあらゆる権利を、平和条約に盛り込む義務を負う。

（第五条～第一七条　省略）

（出典　Dziennik ustaw Rzeczypospolitej Polskiej. 1921, nr 28, poz. 161.）

［史料二］　リガ条約

一九二一年三月一八日、リガで調印されたポーランドとロシアおよびウクライナ間の平和条約

第一条
双方の締約国は、相互間での戦争状態が終わったことを宣言する。

第二条
双方の締約国は、民族自決の原理に則り、ウクライナおよびベラルーシの独立を承認し、ポーランドの東部国境、すなわち一方でポーランド、他方でロシア、ベラルーシ、ウクライナとの間の境界を以下のラインとすることに同意し、決定する。

ロシア・ラトヴィア国境から、ドヴィナ川（西ドヴィナ川）に沿って、旧ヴィルノ県が旧ヴィテプスク県の境界と出会う地点に至るライン

（中略）

つづいて、ラコフ〔以下、傍点は筆者による〕の町の東に引かれたラインで、ベラルーシの側にヴィエクシツエ、ドウジェニエ、ミエトコヴァ、W・ボロズディンカ、コジェルシュチズナの各村を、ポーランドの側には、シポヴァウイ、マツェヴィチエ、スタールィ・ラコフ、クチュクヌィの各村とラコフの町を残す。

つづいて、ヴォウマの町までのラインで、ベラルーシの側にはヴィエルキ・ショロ、マラフカ、ウカシエ、シュチェプキの各村を、ポーランドの側にはドゥシュコヴォ、ヒモルィデイ、ヤンコフツエの各村とヴォウマの町を残す。

つづいて、ヴォウマの町からルビエジェヴィチェの町に通じる街道沿いのラインで、この街道とルビエジェヴィチェの町はポーランドの側に残す。

（中略）

つづいて、クレツキとチムコヴィチェの間（プゾヴォ、プロホディ両村の間）を通る道の中央にラインを引き、ベラルーシの側に、ラユフカ、サヴィチェ、ザラコフツェ、プゾヴォの各村を、ポーランドの側には、ムルシン、東スモリチェ、レチェシン、プロホディの各村を残す。

（中略）

つづいて、モロチァ川に沿い、それがスウーチュ川に注ぎ込む地点までのライン
つづいて、スウーチュ川に沿い、プリピャチ川に注ぎ込む地点までのライン

（中略）

つづいて、コルチク川に注ぎ込む地点までのラインで、ムウィネクの町はウクライナの側に残す。

上記の境界は、本条約に付されたロシアの地図（一〇ヴェルスタを一イギリス・インチに縮尺）に赤線で示されている。原文と地図とに相違がある場合は、原文の方を正しいものとする（資料No.1：地図）。

境界に位置する河川や湖沼の水位について、境界線を成す区域を通る流れに変化をもたらすような、あるいは他方の側の領土での平均的な水位に変化をもたらすような人為的な変更を加えることは許されない。

（中略）

上記の場所における国境の詳細な画定および境界を示す標示の設置は、一九二〇年一〇月一二日の平和のための予備的条件に関する条約の第一条に基づき、また一九二一年二月二四日にリガで調印された第一条を履行するための追加議定書に基づいて設立される合同境界委員会に委ねられる。合同境界委員会は、以下の原則にしたがって境界を画定する。

a　河川に沿った境界を規定するにあたっては、航行が可能な本流の河川の場合には、本流の河床をもつ流れをもってし、航行が可能でない河川の場合には、最も広い辺の中央のラインをもってする。

b　境界があまり明瞭でないラインによって指定されていたり、厳密な情報を欠いている場合、その地域での境界の画定にあたっては、現地の経済的な要請や民族誌的な帰属を考慮するべきである。民族誌的な帰属が争われるような場合、境界は、住民の意見を調査した小委員会の結論にしたがって画定される。個人の所有地は、最も近くに位置する村の経営全体をなす一部として、これに加えられるべきである。

c　「ある村を～の側に残し」という表現で境界が定められている場合、当該の村は、地域の分断を避けるため、ポーランドがその地を占領するまでの間、その村に属していたすべての土地とともに、いずれか定められた側に残されるべきである。

d　境界が道によって定められている場合、当該の道は、その道によって直接結びつけられている二つの村が所在する側に併合されるものとする。

e　「鉄道駅を残し」という表現で境界が定められている場合、鉄道に隣接する周辺地域の経済的一体性の保持を考慮し、現地において境界は、地誌的な諸条件に応じ、入線の信号機（それがない場合はポイント）から一・五～三キロメートルのところにラインが引かれるものとする。

（以下省略）

第三条

ロシアとウクライナは、本条約第二条に定められた境界より西に位置する土地への一切の権利と要求を破棄する。他方で、ポーランドも、ウクライナとベラルーシのために、この境界より東に位置する土地への権利と要求を破棄する。

双方の締約国は、本条約第二条に定められた境界より西に位置する土地に、ポーランド・リトアニア間の係争地域が入ることを承認する。

これらの領域が、ポーランド、リトアニアのいずれに帰属するかについては、もっぱらポーランドとリトアニア間の問題である。

第四条

ポーランド共和国の領土の一部が、以前旧ロシア帝国に帰属していたことから生ずるロシアに対するポーランドの義務や負担は、本条約で言及されているものを除き一切生じない。

また、以前旧ロシア帝国にともに帰属していたことから生ずる相互の義務や負担は、ポーランドとベラルーシおよびウクライナの間には、本条約で予定されているものを除き一切生じない。

第五条

双方の締約国は、相互に国家主権を尊重しあい、他方の締約国における内政問題にいかなるかたちでも干渉しないこと、とりわけ扇動、喧伝活動、あらゆる種類の干渉ないしそうした活動の支援を行わないことを保障する。

双方の締約国は、他方の締約国との武装闘争を目的とする、あるいはその領土で破壊活動を行うような組織、あるいは暴力によるその国家・社会体制の打破を目的とする組織を創設したり支援しない義務を負う。また同様に、もう一つの政府の役割、あるいは領土の一部を支配する政府の役割を自らに課すような組織を創設したり支援したりしない義務を負う。(以下省略)

第六条
1　一八歳以上で、本条約の批准時にポーランドの領内に居住し、一九一四年八月一日の時点でロシア帝国の市民権を有していたか今も有している者、あるいは旧ポーランド王国の永住者として登録される権利をもつ者、あるいは都市ないし村共同体《グミナ》に登録されるか、旧ロシア帝国の領土のうちポーランドに編入された地のいずれかの身分組織に登録されていた者は、ロシアかウクライナの市民権選択の希望を申告することが出来る。
これ以外の範疇に属する旧ロシア帝国の市民権保有者で、本条約の批准時にポーランドの領内に居住している者は、上記のような申告は必要としない。
2　旧ロシア帝国で市民権を有していた一八歳以上の者で、本条約の批准時にロシアあるいはウクライナの領内に居住し、旧ポーランド王国の永住者として登録されているか登録される権利をもつ者、あるいは都市ないし村共同体《グミナ》に登録されるか、旧ロシア帝国の領土のうちポーランドに編入された地のいずれかの身分組織に登録されていた者は、本条に記されている選択方式に同意する希望を表明すれば、ポーランドの市民とみなされる。

本条約の批准時にロシアかウクライナの領内に居住している一八歳以上の者で、本条に記されている選択方式に同意する希望を表明する者は、また一八三〇年から一八六五年までの時期にポーランドの独立のための闘争に参加した者の末裔であること、あるいは旧ポーランド共和国の領域に永続的に（三世代以上）居住してきた者の子孫であることを証明する者は、あるいは他ならぬ自らの行動、ポーランド語の日常的な使用、子孫の養育方法によってポーランドの民族性への強い結びつきを示す者は、ポーランド市民とみなされる。

3　国籍選択の規程は、本条の第一項と第二項の条件を満たす者であれば、ポーランドの国境外、すなわちロシアとウクライナに居住していても、その国の市民でなければ適用される。

（以下省略）

第七条

1　ロシアおよびウクライナは、ロシア、ウクライナ、ベラルーシのポーランド人に対し、諸民族平等の原則に基づき、文化や言語の自由な発展、宗教的儀式の執行を保障するあらゆる権利を保障する。そして、ポーランドは、ポーランドのロシア人、ウクライナ人、ベラルーシ人に対して、これらの諸権利を保障する。
ロシア、ウクライナ、ベラルーシのポーランド人は、国内法の枠内で、母語を維持し、自らの学校を組織・支援し、文化を発展させ、この目的のために諸団体を創設する権利を有する。これと同じ権利を、ポーランドのロシア人、ウクライナ人、ベラルーシ人も国内法の枠内で享受する。

2　双方の締約国は、他方の国の領土にある教会および宗教組織の制度と日常生活に、直接的にも間接的にも干渉しない義務を相互に負う。

3　ロシア、ウクライナ、ベラルーシのポーランド人が属する教会および宗教団体は、国内法の枠内で、教会内部の日常生活を自立的に裁量する権利を有する。
上述の教会および宗教団体は、宗教的儀式の執行あるいは聖職者や教会施設の維持に必要であれば、動産であれ不動産であれ、国内法の枠内でそれを利用し、獲得する権利を有する。

（以下省略）

（第八条～第一〇条　省略）

第一一条
ロシアおよびウクライナは、一七七二年一月一日以降、ポーランド共和国からロシアあるいはウクライナに移された以下に挙げるものをポーランドに返還する。

a　軍関係のあらゆる略奪品（例えば、大小の軍旗、あらゆる軍徽章（中略））、また一七九二年以降、ツァーリのロシアに対する独立闘争の中でポーランド国民から奪われた軍事関係の品々。ただし、一九一八～一九二一年のポーランド・ロシア・ウクライナ戦争の際の軍事的な略奪品については返還にはおよばない。

b　図書館、文庫、考古学上の収集品ないし古文書の収集品、芸術作品、歴史的財産および歴史的、民族的、芸術的、考古学的、学術的ないし文化の全般におよぶ価値を有するあらゆる種類の品々。

（以下省略）

（第一二条～第二一条　省略）

第二二条

1　双方の締約国は、貿易協定および鉄道協約が締結されるまでの間、以下の原則に基づき商品のトランジットを認める義務を負う。

なお、本条の原則は、部分的にはトランジットに関する将来の貿易協定の基礎となるべきである。

2　双方の締約国は、トランジット商品の輸送はトランジットが公然と行われるようにあらゆる鉄道と水路による商品の自由なトランジットを相互に承認する。トランジット商品の輸送は、締約国それぞれで定められている鉄道と水路に関する諸規程を遵守し、また輸送能力や国内輸送の必要を考慮しつつ行われる。

（以下省略）

（第二三条～第二六条　省略）

（出典　Dziennik ustaw Rzeczypospolitej Polskiej. 1921, nr 49, poz. 300.）

第五章　リガ条約の調印と反響

本条約に向けた交渉と条約調印

休戦・予備平和条約は、調印国それぞれにおける批准を経て、一一月二日にラトヴィアのリャパーヤで批准書の交換が行われた。これをうけて本条約の調印に向けた協議が、同月一七日にリガで再開された。

両代表団の全権は引きつづきヨッフェとドンプスキが務めたが、ポーランド側の人員構成は大きく変わっている。もはや議会と軍の代表は含まれず、それは政府の代表者からのみ成っていたが、その中にはヴァシレフスキの姿も見られた。東部辺境の諸事情に詳しい専門家として自他ともに任じる彼は、先のポーランド代表団における国境線をめぐる論戦でグラプスキに敗れはしたものの、政府代表の一人として本条約の交渉に臨んでいたのである。ウクライナの代表権を強く求めたソヴィエト側にウクライナ語を十分使いこなせる人物がいなかったというのも奇妙な話ではあるが、ウクライナ語にも通じるヴァシレフスキが本条約の文案作成の作業においてウクライナ語版を完成させるうえで大いに貢献することになる。

休戦交渉が行われていた九月から一〇月にかけては、北方ではポーランド軍が東へ向けて攻勢をつづけ、また南部ではペトリューラが、中部ではブワク・バワホーヴィチがそれぞれ活発に動いていた時期で、ソヴィエトとしてはこれらに加えてウランゲリの率いる白軍の動向も気にかけなければならないという事情もあり、ヨッフェは休戦を急いでいた。しかし、本条約の交渉が始まった一一月になると、国内の反革命勢力やウクライナの独立諸派による抵抗を打破することにほぼ成功していたソヴィエト側は余裕をもって臨む。逆に、ポーランド側は早期の合意に持ち込みたかった。ポーランド政府としては、翌年三月に予定されているシロンスクにおける住民投票を、ぜひとも戦争が完全に終結した後に実施したかったからである。また、ポーランドが実効支配している東ガリツィアの帰属も、まだ正式には確定していなかった。

ソヴィエト側による交渉引き延ばしの前に、協議は翌二一年三月まで続くことになったが、八五〇〇万ポンドの金の支払いを求めるポーランドに対して、ロシア側が三〇〇〇万ポンドを限度とすることで譲らなかった財政清算関係の案件を除けば、とくに意見の相違を生むこともなく、平和条約（リガ条約）は三月一八日に調印された。シロンスクでの住民投票の三日前のことである。ちなみに、その投票結果をもとに下された連合国の裁定に不満をもったシロンスクのポーランド系住民は決起し（第三次蜂起）、連合国があらためて提示したラインによってポーランド西部国境のうちわずかに未定となっていたこの地域のラインが画定したのは同年一〇月のことである。またポーランドにとり気がかりであった東ガリツィアの領有も、リガ条約によってひとまず決定することになった。

ポーランド国内の反応

ポーランド議会でリガ条約が批准されたのは一九二一年五月一五日のことである。その前日、批准をめぐる最初の審議が行われようとしていた。首相のヴィトスが登壇し、趣旨説明を開始したときである。議事傍聴のための二階席から男性の悲痛な叫び声が響き、チラシのようなものが撒かれた。その日の議事録は、男の叫び声を記録している。「恥を知れ！ このポニンスキども。汝らの背後にレイタンが立っているぞ」。タデウシ・レイタンは、ポーランド分割条約（第一次）に反対し、議場に入ろうとする議員たちの前に身を投げ出してその阻止をはかる姿としてヤン・マテイコの歴史画にも描かれている士族《シュラフタ》であり、アダム・ポニンスキは、同画ではレイタンに立ち退くよう手をかざして描かれている分割容認派の大貴族《マグナート》である。またチラシにはベラルーシを放棄したことへの抗議が「裏切者《カイン》グラプスキ」宛てに綴られ、「レイタンの曽孫ヘンルィク・グラボフスキ」の署名が添えられていた。議会の衛士が彼を連れ出すと、ヴィトスは演説に戻った。

ところで、この男はレイタンの曽孫ではなく、最後の当主ユーゼフ（公女クリスティーナの洗礼親）が死去して後、ユーゼフの妻とともにレイタン家の所領の共同所有者になった人物で、ユーゼフあるいはその妻の甥とも言われが詳細は不明である。しかしレイタンの血筋にない者がかりにその曽孫を僭称したとしても、当時この事件は「歴史は繰り返す」として話題となったのである。

休戦・予備平和条約の調印によって国境線の概要が知らされると、それは東部辺境のポーランド人に大きな衝撃を与えた。第一章でも紹介したベラルーシの大貴族《マグナート》ヴォイニウォヴィチはミンスクがボリシェヴィキの手に残ることになったと知り、条約調印翌日の日記にこう記している。「何ということか。われわれは分割後百数十年にわたってベラルーシでカトリックの信仰、ポーランドの理念、民族文化を守り、戦時下同様の法や迫害に耐え、一七七二年国境の場所を血でもって示してきた。近年においては軍隊に息子たちを送り、軍の要請には土地からの収穫を差し出し、国債には支払える金を投じてきた。そして最後にポーランドは講和の要求の中でミンスクを放棄したのだ」。

東部辺境の地主たちは、ヴォイニウォヴィチやローマン・スキルムント、ヒエロニム・キェニェーヴィチ（著名な歴史家ステファン・キェニェーヴィッチの伯父）などの有力者を中心に同月二四日、ワルシャワで大規模な集会を催し、条約反対、国境線の見直しを求めて気勢をあげた。その席では、東部辺境出身者からの強い要請で外務省がベラルーシの専門家としてポーランド代表団に派遣していたミロスワフ・オビェジェルスキによる報告も行われている。オビェジェルスキによれば、ヨッフェがドニエプル川、西ドゥヴィナ川の向こう側まで譲ると言っているのに、スタニスワフ・グラプスキは、代表たちの背後でヨッフェと交渉し、「ベラルーシという潰瘍を一度ポーランドから切除しなければならない」などと述べ、休戦条約により定められた国境で満足したのだという。ここでは、ヨッフェと秘密会談に臨んだのがドンプスキであったという事実は伝えられておらず、報告者が本当にそう語ったのか、それとも逆上するヴォイニウォヴィチがそう思い込んで日記にそう書いたのか、もはや判然としない。しかし休戦条約の調印の翌月に「リガの犯罪」と題する論説を発表したマリアン・ズジェホフスキが、やはり『時《チャス》』紙（九月三〇号）に掲載されたオビェジェルスキの報告を引きながらリガにおけるグラプスキの立ち回りを批判していることなどから見ても、リガでの交渉に参加していたオビェジェルスキの発言が「ミンスク放棄」の元凶グラプスキという、その後も長くポーランド社会に残るイメージを創り出す一因となったものと考えられる。ただしズジェホフスキのグラプスキに対する不満は、彼がミンスクのことを「ベラルーシ人の喧伝活動の中心となることが心配されるから」と発言していたという点にあった。

社会党の議員ペルルもリガに派遣されたポーランド代表団の一員であった。ただし彼は専門家として加わっていたために、採決に参加する資格をもたなかった。連邦主義の支持者で、休戦条約で定められた国境に反対であったペルルは、同条約の調印後における議会での発言や新聞への論説などを通じて、ミンスクを含むベラルーシをポーランド側が獲得する見込みがあったにもかかわらず、グラプスキがそれを妨げたとして強く批判した。実際には、社会党の僚友であるバルリツキもグラプスキと歩調を合わせて行動したことはすでに見た通りであるが、ペルルの言動の中でその事実は伏せられたままであった。こうして、その後リガ国境をめぐる論争が生じるたびに、多くの場合、焦点はグラプスキの責任が問われるべきか否かをめぐる議論と化していくことになる。

グラプスキの論理

ポーランドの東部国境が連合国によって正式に承認された一九二三年三月、リガ国境に対する不満とミンスクを国境の向こう側に残したグラプスキに対する批判が再びポーランドの紙面に登場しはじめた。グラプスキは、そうした批判への回答を自らが編集する新聞に発表しているが、そこではとりわけ二つの点が強調されている。

ひとつは、当時の戦況である。代表団で国境案が検討されていた時期、ポーランド軍の最前線は、中部から南部にかけてはリガ国境のラインを越えていたが、プリピャチ川以北ではそのラインに達していなかった。リガ国境の批判者たちはドニエプル川までの領域獲得の可能性があったかのように吹聴するが、ポーランド軍がその年の冬までにそこまで到達するとは想定できない情勢であった。もしかりにドニエプル川への軍の到達を待って交渉するとなれば年を越さねばならず、兵員、物資ともにポーランドをはるかに凌駕するソヴィエト軍は冬の間に態勢を整え、ポーランド軍は翌年春にはワルシャワとは言わぬまでも、ブク川まで再び退却することになろう。したがって、休戦交渉は冬までに結ばれねばならず、国境についても遅くとも一〇月半ばの戦線の位置で決定されねばならなかった。代表団は以上のような認識に立って国境案の作成にあたったというのである。

戦争が冬まで継続することは、ポーランドにとり破滅的な結果をもたらすというグラプスキの主張はリガ条約の翌年に出版された彼の著作の中にも見られ、その後も間歇的にくり返されるグラプスキ批判に対する彼による反駁の論拠のひとつとなっている。
　二つ目は、リトアニアとソヴィエトとが直接に国境を接しないようラトヴィアにつながる回廊を設ける必要である。すでに見たように、そのためにはジスナとヴィレイカを獲得する必要があったが、ポーランド軍がまだ到達していないこれらの地域を得るためには、ポーランド人住民が多く、ポーランド軍の占領下にもあった南部のカミェニェツとプウォスキルフを犠牲にしなければならなかった。グラプスキによればこれは北を取るか南を取るかの問題であったが、ヴィルノ問題へのソヴィエトの干渉を防ぎ、またドイツに友好的なリトアニアをソヴィエトから遮断することで独ソ提携の芽を摘むという観点から回廊の獲得が優先されたのである。また南部の放棄の選択にあたり、グラプスキには、キエフ滞在の経験からウクライナ人の正教徒がポーランドに対して好意を抱いていないとの彼なりの確信が潜んでいたことも見逃せないであろう。

ジスナ（戦間期の頃の写真と思われる）
西ドヴィナ川河畔の町で、対岸にはラトヴィアがあった。

　グラプスキがリガ国境に触れた文章は決して多くはない。それらには、上記の論拠のほかに国防評議会の指針やウランゲリの白軍の動向にも留意する必要があったことなどが挙げられているが、発言の時期や状況によって論調がやや異なるものの、その主張は概ね一貫している。ただし一九三二年に発表された論説の中では連合国への配慮がとりわけ強調されていることは指摘しておいてよいであろう。グラプスキによれば、代表団の国境案はカーゾン線よりも数百キロも東に引かれたものであり、連合国の承認をとりつけるためには、それがポーランド代表団の「比類なき穏当さ」を示すものであり、その案が「ポーランドが獲得できる、かつ獲得せねばならない最低限」のものであることを声高に喧伝する必要があった。これは、ミンスクを渡そうとするソヴィエト側の申し出をグラプスキが断ったとの批判に対する有効な反論となりうるように思われるが、グラプスキはそうした風説そのものを、条約調印の翌年の発言の中ですでに否定している。

第二次世界大戦中から戦後すぐにかけてロンドン亡命政府の政治にもコミットしたグラプスキには当時出版した複数の小冊子があり、それらにもリガ国境への言及は見られる。しかしソ連との和解の必要を基調として書かれたその文章についてはここでは触れない。

国民委員会の国境案とグラプスキ

グラプスキが以上のような認識に立ってリガ交渉での国境をめぐる議論において決定的な役割をはたしたことは、自他ともに認める事実である。しかしここでは、リガ国境をより広い文脈において考えてみるために、それに先立ちグラプスキが関与した第一次世界大戦期におけるポーランド国境をめぐる論争に目を向けてみたい。

まず、グラプスキという人物について簡単に紹介しておこう。スタニスワフ・グラプスキは、もともと社会主義運動の活動家として政治的経歴を開始したが、その後民族主義の側に転じ、一九〇五年革命後には国民民主党内における有力な指導者の一人としての地歩を固めていた。ロシア領ポーランドの出身ではあったが、オーストリア領の国民民主党を指導し、帝政ロシア国会《ドゥーマ》が開設されてポーランド議員団が結成されると、初期にはその政治顧問も務めている。その一方ではルブフ大学で経済学の教授を務める学究肌の一面をもっていた。

第一次世界大戦が勃発するとグラプスキは、国民民主党の創設以来の指導者で大きな権威をもつローマン・ドモフスキの、ロシアに依存してポーランドの独立を獲得しようとする路線に同調し、ドモフスキがロシアを見切り西欧に拠点を移して後も、しばらくはロシア寄りの独自の路線を模索しつづけた。その折にキエフに滞在したことが、先に見たような彼のウクライナ人観の基礎となった。その後、二月革命の勃発などロシアにおける情勢が大きく変化する中で、やがてグラプスキは、ドモフスキが総裁を務め、西欧諸国からポーランドの正式な代表機関として承認されていたポーランド国民委員会に招かれてパリに赴き、独立したポーランドが占めるべき国境案を策定する任を負うことになった。そして彼は、一九一八年一〇月に自らの手になる国境案を国民委員会の総会に提案し、了承を得ている。国民委員会の議事録によれば、それはポーランド人が六〇％以上を占め、その比率が徐々に高まって二〇年ほどで七五～八〇％になるような境界線を念頭において作成され

スタニスワフ・グラプスキ

たものであった。そこでは、かりに東部においてプリピャチ川流域を含めなければ、ポーランド人の比率は六〇%となるが、逆にそれを含めた場合には五七・五%となり、後者の数値はポーランドにとり極めて危険なものとして認識されている。ただし、グラプスキの案については、もっぱら民族誌的な観点ばかりが強調されており、戦略的、経済的な側面も考慮すべきではないかとの意見も出されている。

ところでグラプスキは、のちにその折の国境案について回想している。それによるとベラルーシ地域ではカトリックが多数を占め、ポーランド人が郡《ポヴィアト》会の成員の五〇%以上を占めている領域をポーランドに含め、正教徒が圧倒的に多い郡《ポヴィアト》は国境外に残すことで、のちのリガ国境に近い地図を作成することになったという。また彼によれば、その地図では、東部のポレーシエとヴォウィンの両地方でラインが西寄りになるように、それぞれコヴェル、ヴウォジミエシュの近くまでが境界とされていた（口絵の地図1参照）。以上のことから、リガ国境よりもかなり小規模な領土がここでは構想されていたと考えられる。

ところが、国民委員会がグラプスキ案を了承して間もなく、同委員会のもとに、しばらく前からウィルソン大統領やランシング国務長官らとの接触を求めてアメリカに渡っていたドモフスキから、大統領からの要請に応じてポーランドの国境案と地図を提出したという報せがとどく。そしてドモフスキが作成した地図はグラプスキ案と比べてより広大な領域を占めるものであったことが判明する。ドモフスキが不在の間にグラプスキ案を了承することを決めたばかりの国民委員会であったが、さしもの総裁の意向を考慮しないわけにはいかず、「グラプスキ国境」にドモフスキの案も交えて見直すことが決定された。

国民委員会の議事録にはその後の修正過程に関する議論は見当たらないが、グラプスキの回想によれば、ドモフスキ案を考慮した結果、グラプスキが提案した国境は東に大きく張り出すことになり、北方ではポローツクをやや越えたところまで、中部ではポレーシェ地方を、またヴォウィンではザスラフより東側の地を、さらに南ではズブルチュ川を越えてカミエニツとプウォスキルフをそれぞれ領土に加えることになったのである（口絵の地図1参照）。グラプスキにとって沼沢地が大半を占めるポレーシェ地方の領有は全く関心外であった。経済学者として農村経済に詳しく、またポーランド王国にある自分の出身地が沼沢地の近くにあったという彼は、沼沢地がいかに不毛であるかということをよく承知していたが、「農業を全く知らないドモフスキ」には、人が住んでいないポレーシェの沼沢地も入植地としては適当だと考えられ、また国民委員会の成員の多数もドモフスキの考えを容れたのだという。このようなポーランド国民委員会における国境案をめぐる論議からも、グラプスキには、ポーランド人が支配民族として他の少数民族を同化しつつ国家の運営にあたることが可能な、彼なりの民族誌的な境界というものが認識されていたように思われる。

ドモフスキ線

ところで、その後パリで講和会議が始まると、ポーランド国民委員会は、連合国最高会議よりポーランド国境案の提示を求められる。その結果、一九一九年二月に西部国境案が、翌三月には東部国境案が提出されている。この間、国民委員会の事情も大きく変化していた。まず、ポーランドの代表機関として西欧諸国の承認をうけているパリの国民委員会と、ポーランド国内における統治をすでに開始しているピウスツキとの外交の二元性を講和会議の開催までに解消する必要が生じた。その際、パリと国内との和解のために派遣されたのが、ピウスツキとはかつて社会党で活動をともにした経験をもつグラブスキであった。一九一八年暮れに国内に戻ったグラブスキが国民委員会内部におけるその後の領土構想に参画した形跡はない。一九年に入ると、和解が成った国内からピウスツキ派の面々が国民委員会と協議を行うためにパリに到着するが、その中にはヴァシレフスキも含まれていた。連邦構想の実現を目指すピウスツキからの指示を受けているこれら国内派は、国民委員会の国境案作成に際し、とりわけリトアニアの扱いなどをめぐりドモフスキら国民民主党が多数を占める国民委員会派と激しく衝突した。

三月二日の国民委員会総会で、「強力なポーランド的国家」の創建を望むドモフスキは強い主導力を発揮し、連邦制を求めるピウスツキ派の主張を抑えて国民委員会の最終的な国境案が採択された。

これがいわゆる「ドモフスキ線」である。しかし、連合国最高会議に提出されたものは、前日に採決されたものとは異なっていた。著名な地理学者で、ルブフ大学教授のエウゲニウシュ・ロメルは、講和会議に向けて様々な地図資料を必要としていた国民委員会の地理課の担当者として、地図作成の実務にあたっていた。パリでの日記を基にした彼の回想には、三月二日から三日にかけて彼のもとに地図の修正が依頼されたことに対する驚きや狼狽が記されている。なぜならそれは、一度は決定された国境案と比べて東方へさらに張り出した国境線に変わっていたからである。ロメルは連邦制の支持者ではあったが、その時ドモフスキに、「このようなポーランドであればポーランド人は人口の半数をわずかに超える程度（五四％）になりますよ」と忠告したという。実は、ひとたび国境案は委員会総会で採択されたものの、そこには必要ならば調整を加えることも認めるとの条件がつけられていた。そうした中で、ピウスツキ派の主張も徐々に取り入れられ、本来の案の輪郭が変化してしまったのである。興味深いのは、海へのアクセスを重視するドモフスキはもともとグダンスクやケーニヒスベルクをポーランドが自由に利用できることを強く願っていたが、それも難しそうな講和会議の雲行きのためか、ラトヴィアの軍港都市リャパーヤの領有に触れた時、逆にピウスツキ派の代表から「それは無理だろう」とたしなめられていることである。しかしこの提案は、連合国最高会議に提出された東部国境案には盛り込まれている。これによって、「ドモフスキ線」はさらに東へと拡大することになった。

このように、ともに国民民主党の指導者でありながら、東部国境に関してはグラプスキとドモフスキの間には大きな隔たりがあった。意外に思われるかもしれないが、要するにドモフスキには、東部国境に関する明瞭なイメージが欠けていたように思われる。例えば、帝政ロシア議会《ドゥーマ》でベラルーシ・リトアニアのポーランド人グループを率いたヴォイニウォヴィチも、ポーランド議員団の総裁を務めるドモフスキとワルシャワで会見した折、話題がポーランドの東部国境におよんだところ、ドモフスキには明瞭なヴィジョンがないとの印象を得ている。一方、それぞれの地域でポーランド人が占める割合にも精通するグラプスキには、独自の統計調査に基づいた彼なりに明瞭な民族誌的ラインというものが理解されていたのではなかろうか。それゆえに、彼は国境構想を具体化するに際してドモフスキ以上に、その国境内で民族国家を建設することがはたして実際に可能かどうかという点にこだわりをみせたのである。

ちなみにドモフスキは、リガ国境について一切論評を行っていない。確かに彼は、一九三〇年に発表した論説で「リガ条約の国境線には不満をもつかもしれないが、われわれの政治においてそれが大きな役割をはたしているわけではない」と述べている。しかしその主題はあくまでウクライナ問題であり、引用部分は二義的な意味しかもっていない。グラプスキは、後年、リガでの交渉で自分がソヴィエト側に譲歩し、ドモフスキ線までの領土を獲得しなかったとの批判があったことを述懐する中で、そうした批判を行う者の中にドモフスキは含まれていなかったとも記している。

一九一八年暮れ、ワルシャワに戻ってピウスツキと会見し、パリの国民委員会との協力を確約させることに成功したグラプスキは、以後、独立まもないポーランドの国内政治においてその手腕を振るうことになる。

一九一九年、憲法制定議会が招集されると、グラプスキはそれまでの国民民主党を看板替えした人民国民同盟(ただし本書では「国民民主党」として記す)を立ち上げ、これを指導した。一方、国民民主党の創設者として党内で大きな権威をもつドモフスキは、講和会議の後も国外に身をおき、ようやく二〇年春に帰国してからも国内の政治情勢には疎く、議会政治からは距離をおいたため、独立後から二六年五月のピウスツキによるクーデタまでの間、ポーランド議会で最大勢力を誇る国民民主党を実際に主導したのはグラプスキであった。

彼は、党指導者の役割に加え、議会の外交委員長としての責をはたし、二三年一二月に弟のヴワディスワフ(混乱を避けるため、本書ではW・グラプスキと記している)が首班を務める政権が誕生すると、新たに設置された少数民族問題委員会に専門委員として加わり、その後は宗務教育相として入閣し、教皇庁との協定《コンコルダート》締結のための交渉にあたるなど、八面六臂の活動をみせた。政治的な行き詰まりの中でも「必ず出口はある」との確信をもって妥協の道を探るグラプスキの辣腕ぶりは、同時代人が残した多くの証言にも見出されるが、それはときに強引な手法をも辞さない彼の振る舞いにもつながっていった。例えば、国民民主党内の地主層の反対を押し切って成立に持ち込まれた土地改革法や、肝心な少数民族の側には不評であったものの、彼の党内にも譲歩しすぎとの批判が強かった言語法、あるいはドモフスキの怒りを買うことになったユダヤ人との合意など、いずれもグラプスキが強引なまでに推し進めた結果、成立したものであった。また、弟のヴワディスワフも三度組閣した経歴をもち、とりわけ経済改革に手腕を発揮した優れた政治家として知られていた。こうして、一九二〇年代前半のポーランド政治におけるグラプスキ兄弟の卓越した活躍ぶりは、「グプスキの専横《グプシチチズナ》」とも呼ばれるようになるのである。

ところで、リガ国境の問題が幾度も蒸し返されたことは、おそらくグラプスキのこうした経歴と無縁ではない。二〇年代前半の政治においてグラプスキ兄弟がいかに大きな役割を演じたか、それは立場の如何を問わず、同時代の誰しもが認めるところであった。しかし、その役割と影響力が絶大なものであったからこそ、ピウスツキ体制に移行するまでの、いわゆる「議会専制」の時代における負の側面は、グラプスキ兄弟、とりわけ国民民主党の指導者であった兄のスタニスワフに帰せられることが多かった。リガ国境の問題は、彼が犯した政治的な誤りとして糾弾するには格好の素材となったのである。

もう一つは、一九二六年五月にピウスツキが権力を掌握すると、グラプスキは、ドモフスキをはじめとする、党内からの厳しい批判を浴びて国民民主党を離れたことである。グラプスキは政界からも引退するが、その後、国民民主党を含む民族主義的な諸政党は再編され、政治的にも急進化していった。そうした中で、民族主義の若手の活動家にとり、グラプスキが党を指導した二〇年代前半は「ユダヤ人との合意」などに象徴される、ポーランド民族理念の「退廃期」に他ならなかった。三二年からその翌年にかけてドモフスキを信奉する若手の指導者によって、国民民主党の新聞紙上でリガ国境が再び取り沙汰され、グラプスキに対する責任がくり替えし問われた事例など、上のような背景を抜きにしては理解し難い論争であった。

ミンスク放棄の神話

リガ国境をめぐる論争におけるグラプスキ批判には、ドンプスキとヨッフェとの秘密会談に同席していたアレクサンデル・ワドシの回想などをもとに、ポーランドとソヴィエトの間に独立したベラルーシ国家を建設し、それとポーランドとの間で連邦を形成する可能性があったとする主張がともなっている。しかしアンジェイ・ノヴァクによれば、リガ国境をめぐる史学史におけるこの「神話」は、在米の歴史家イェジィ・ボジェンツキにより完膚なきまで論破されたという。ボジェンツキの研究はロシアのアルヒーフも利用している点に特徴があるが、そこでは交渉中のヨッフェとソヴィエト政府との交信の分析を通じて、ソヴィエト側にはポーランドとの間に「緩衝国家」を設ける構想を容認するつもりはなく、そうした考えには一貫して反対であったことが明らかにされている。

リガ国境の問題をめぐるもうひとつの神話は、グラプスキがミンスクを国境の外に残すことを主張したとき、ミンスクはポーランド軍の占領下にあったのかどうかという問題である。ポーランド軍の制圧下にあったにもかかわらずグラプスキがミンスク放棄をあえて唱えたのと、ポーランド軍がまだ到達していない状態でその放棄を主張した(この場合は放棄とは呼べまい)のとでは、その判断の重みは自ずと異なってくるであろう。ちなみにグラプスキは、ミンスクにまでポーランド軍は到達していなかったと記している。

十月一二日の休戦条約調印からそれが発効する一六日までの数日間、ポーランド、ソヴィエト両軍はまだ死闘をくり広げていた。当時の参謀本部の発表を追っていくと、ポーランド軍は一四日にはミンスク市の近郊にまで迫るが、まだ市内に兵を入れてはいない。そして一五日、グスタフ・パシュキェヴィチ中佐の率いる部隊が市内に突入し、軍の報告書によると「反撃する敵を市街地での白兵戦で制してミンスクを占領した」のである。同報告書には、現地の住民がユダヤ人も含めてパシュキェヴィチ隊を歓迎し、同部隊は約三〇〇名のポーランド兵捕虜を解放したうえ、敵方の物資を獲得したとある。しかし、一六日の休戦履行に先立ち同市を離れるようにとの命令をうけて、惜しみ悲しむ住民を後に残して部隊は退却したのである。

ポーランド軍のミンスク「占領」についての新聞報道は極めて曖昧であり、しかもポーランド人部隊の市内突入を報じる記事も極めて控えめである。参謀本部の発表にも、「パシュキェヴィチ中佐麾下の五五連隊の先鋒が一時的に市内に入り」とあり、またヴォイニウォヴィチがミンスクから逃れてきた友人から聞いたことを記した日記をはじめ、他の史料からもうかがえるのは、ミンスクの

「占領」は極めて限定的で、しかも短時間のことであったということである。

グラプスキが記しているように、ポーランド代表団の中で彼が自らの国境案を提示し、ミンスクを国境の外に置くことを強く主張したとき、ポーランド軍の前線はまだミンスクよりもはるかに西側あった。グラプスキは、戦況とは別に、すでに見てきたような自らの国境観にしたがって判断を下していたのである。

第六章　国境線の画定と人々の運命

不正確な地図

一九二一年四月三〇日、ミンスクにおいてリガ条約の締約国間で批准書の交換が行われた。同条約で定められた境界線が最終的に国際的な承認を得るのは、一九二三年三月一五日の連合諸国の大使会議による承認を俟たねばならなかったが、一般的にはこの批准書の交換をもって同条約をめぐる物語は幕を閉じると考えられるであろう。

ところが、ポーランドの東部国境画定のドラマはまだ終わってはいなかった。理由のひとつは、条約交渉の際に用いられた地図にある。リガ条約の正式文書にも両国間の境界線を明示して添付されている地図は、もともと革命前のロシアで作成されたものであった。一イギリス・インチを一〇露里《ヴェルスタ》として縮少したこのロシアの地図は極めて不正確なしろもので、交渉の過程ではとりあえずポーランド、ソヴィエトそれぞれの側に入る地名を示しただけの概要図でしかなかったのである。

のちに行われた現地での調査の過程で、例えば実際には存在する地名が地図には載っていなかったりすることが多々あることも判明した。その逆もまたしかりである。また、一定の地域に同じ地名がいくつも存在したり、地図ではあるはずの道が実際には存在しなかったりした。このように、地図と現状との差は甚だしく、ポーランド、ソヴィエト両国は、交渉の中で、条約締結後に両国合同の国境委員会を設け、国境標示の設置に先立ち、測量を含む現地での調査と最終的なライン画定の作業を行うことを決定していた。しかし、同委員会の作業は、想像をこえた困難に出くわすことになる。

国境委員会の仕事始め

批准書交換の二日後の五月二日、両国合同の国境委員会はワルシャワで初めての会合を行い、その事務局は当初ミンスクに置かれ、のちにルヴネに移された。翌六月には四つの小委員会が設置される。これら小委員会が、全長約一〇五〇キロもの長大な境界を四つの区域に分けて、それぞれの担当地域で活動を行うことになるが、その作業は概ね次の三つの段階を踏むことになった。まず行われるのが現地での調査と資料の収集であり、それには国家的な帰属についての住民の意見や要望の聴取も含まれていた。次に、調査の結果を踏まえて、その地域での境界を具体的にどのように引くかについて両国委員の間で意見の調整が行われる。実はこれが最も困難な作業であり、議論が数週間もつづき、結論を得られないまま、決定を中央委員会に委ねられることも頻繁に起こった。そして最後が純粋に技術的な作業であり、境界線について合意が得られると最終的な測量が行われ、国境標示が設置されるのである。こうした困難な役割を担うことになった国境委員会のポーランド側の代表は、リガでの平和交渉にも参加したレオン・ヴァシレフスキであった。

レオン・ヴァシレフスキ

ヴァシレフスキによれば、リガ国境は歴史的伝統や民族誌的根拠を無視して全く人為的に引かれたもので、その結果、ポーランドの歴史的な地域だけでなく、ポーランド人住民が居住する多数の村落がソヴィエト側に残されることになった。とりわけ彼が気にかけたのは、命を惜しんでポーランドへ避難した大土地所有者の所領ではなく、一般の数多くのポーランド人が住む村や小領主《シュラフタ》の所有地のことであった。それらは国境に極めて近いところにも残されていたので、ヴァシレフスキはそれらがポーランド領に入るよう努力したのである。彼が率いるポーランド代表団は、現地住民の意思と利益を出来うるかぎり考慮し、可能であれば境界線の変更も辞さないとの姿勢で臨んだ。一方、ソヴィエト側は、条約に添付された地図と現実とが異なるからといって条約で定められたラインの変更には原則的には反対であり、条約の原文を極力厳守しようとした。代表団の任務は政府の決定を履行することであり、代表団には現地で修正を行う権限を与えられていないというのがソヴィエト側の言い分でもあった。ヴァシレフスキによれば、こうしたソヴィエト代表団の態度のために、ポーランド代表団は国境の修正を実現するために、しばしば外交ルートを通じての働きかけも行わねばならなかったのである。

嘆願する人々

境界をはさんだ二つの国家の体制が異なるという、従来の境界線論議とは異なる性質を帯びることになったこのたびの国境画定は、それだけに境界付近に暮らす人々には、とりわけ切実な意味をもった。国境委員会が住民の意見を聴取しながら境界線調整の活動を始めると、境界付近の住民の間では国境線変更の可能性の噂がとびかい、またリガ条約第二条に、境界が明瞭でなく民族誌的な帰属が争われるような場合には現地の住民の意見を調査して画定することが謳われていること（「史料」を参照）が、人々のそうした期待をいっそう高めることになった。こうして国境委員会には、その活動の当初からポーランドへの編入を求める要望が多数寄せられ、しばしば境界線から二〇～三〇キロも離れた場所から、数千もの署名を集めた嘆願書を携えた代表が訪ねてきたのである。リガ国境修正の可否をめぐるポーランドとソヴィエトの代表間における意見の隔たりを考えれば、境界線から二〇～三〇キロも離れた場所の問題など論じる余地などなかったが、多くの住民が藁をもすがる思いで国境委員会の事務所へと足を運んだのである。

ヴィトスの回想によれば、ワルシャワの首相府にも東部の各地から住民の代表たちが訪れている。首相にとって最も辛かったのは、ソヴィエト側に残されることになったポーランド人住民の代表たちとの会見であった。カミェニェツ・ポドルスキ、ミンスク、ベルディチュフなどから命の危険を冒して到来した人々が、「自分たちをボリシェヴィキの死刑執行人の手に渡さないように、妻子が辱めをうけないように、ポーランドのかけがいのない遺産が破壊されることのないようにと涙を流して懇願する」のである。むなしく嘆願を重ねて、大人の男性がわっと泣き出すのを目にするのは辛かったが、首相として、彼らの所領を守るために戦争を継続することなどはできぬ話でもあった。ヴィトスにできることは、「次に戦争が起きた時には、増強されたポーランドは国境をできるだけ東方に広げるべきだなどという、慰めにもならない言葉をかけることだけであった。

ヴァシレフスキによれば、ポーランド人（カトリック）だけでなく、正教徒やユダヤ教徒の多くもポーランドへの帰属を願っていた。彼は、国境委員会が扱った案件でソヴィエトへの帰属を願ったのは、一つのベラルーシの村だけであったと記している。一方、ポーランドの参謀本部第二課の報告によれば、ポーランド側に入ることになっていたニェシヴィエシ郡の三つの村落がソヴィエト政府に同国への編入を要望したという。

困難な作業

国境委員会の作業を困難にしたのは、地図の不正確さだけではなかった。ポーランドの西部国境を画定する際には利用することのできた地籍図が、東部領域には存在しなかったのである。個々の所有地の図を集めるにも戦災で失われている場合が少なくなく、やむを得ず現地での調査から土地それぞれの図をつくり、それらを基に独自に作成された地図が交渉の素材とされた。こうした途方もない作業が続けられる中では、思いがけない発見もあった。例えば、ポレーシェ地方では三〇平方キロにもおよぶ地域が無人の沼沢地と記されていたのに、実際にはいくつもの村落が散在していたのである。

国境の画定が最も容易なのは、理論的には境界が河川に沿っている地域である。ところが、経済的な観点から見た場合、河川を境界とすることがむしろ不適であることもしばしば生じた。ヴァシレフスキが挙げているのは、ソウーチェ、モロチャ、コルチクの各河川の事例である。(地図3を参照)例えば、ポレーシェ北部にあるソウーチェ、モロチャ両河川沿いの村の場合、西岸の高台に家屋と耕地があり、低地の牧草地は東岸にあった。もし河川が国境となれば、村は二つの国家によって分断され、それは経済的には村の破滅を意味することになる。いぜんとして後進的なポレーシェでは、人工肥料が普及しておらず、牧草地を失えば砂地での耕地を可能にする肥料を得ることができなくなるからである。これら両河沿いの村落は村の所有地全体がポーランドに入ることを強く望み、一九二二年一月半ばにはワルシャワへ代表を送り、農民党ピャスト派の党首で元首相のヴィトスをはじめ、外相や議員への陳情を行った。国境委員会のポーランド代表団も村の窮状に共感し、代替地で補うことを条件にソヴィエト側の説得を試みた。しかし、条約が河川に沿うラインを国境と定めている地域での変更を認めようとしないソヴィエト代表団は、こうした変更は条約そのものの変更であり、代表団はそれを検討する権限をもたないと突っぱねた。なおも外交ルートを通じての努力がつづけられたが、結局ソヴィエト側の同意は得られなかった。ポーランド側は、村の住民の損失を少しでも軽減するために、中央国土庁にかけあって入植地に予定されている土地による補償を試みるなどしている。一方、ヴォウィン地方のコルチク川沿いの村落の場合には、ウクライナ人の村を代替地としてソヴィエト側に譲ることでポーランド人の村を獲得することに成功している。

国境標示を抜く人々

ポーランド代表は、境界付近におかれたポーランド人が多く住む村落を少しでも多くポーランド国境内に入るよう努力した。しかし、ソヴィエト側の同意が得られてそれが実現する場合には代替地が必要となる。代替地とされた事例をみると、ポーランド国境内に入ることが予定されていた沼沢地や原生林、ロシア人の大所有地、またミンスク地域やポレーシェ地方では正教徒、ヴォウィン地方ではウクライナ人のそれぞれ多数居住する村がソヴィエト側に渡される場合が多く、ユダヤ人の町が代替地とされることもあった。しかし代替地は総じて不足がちで、ひとたび代替地にされるとの噂がたつとそこの住民からは猛烈な抗議が殺到したのである。

最初の国境標示

国境委員会のポーランド代表たちの努力にもかかわらず、多くの場所で多数の住民が、願いもむなしくソヴィエト側に残されることになった。その場合、村によっては村民が集落に自ら火を放ち、ポーランド側に移ってくるような事例も見られた。また多くの場所で、設置された国境標示が不満をもつ住民によって取り除かれるという出来事も起こった。一本目の標示が立った瞬間から住民からの抗議が湧き起こり、ワルシャワに送った住民の代表が請願に対する回答を携えて戻るまで設置作業の見合わせが要求されることもあった。こうしたことが相次ぐ中で、標示の設置作業には軍の支援が必要となり、先に見たソウーチェ、モロチャ両河川沿いの村の場合も、努力の甲斐なく条約通りに河川に沿った国境標示を設置するしかなかった小委員会は、二二年九月末、村民の抵抗を防ぐためにポーランド軍の歩兵大隊の見守る中で設置作業を行ったのである。

国境委員会の任務終了

一九二三年一一月二四日、合同国境委員会は最終的な国境画定の任を終えた。最後までポーランド代表の責をはたしたヴァシレフスキは、代替地の不足に悩みながらも、境界付近のポーランド人村落を極力ポーランド領内に入れようと努めてきた。そのことについて、あるインタヴューの中で、「それで成果はありましたか?」と問われたとき、彼は「もちろん、随分とポーランド人の村落を救ったよ」と答えている。ポーランド代表団は、二万七五六七デシャチーナ(一デシャチーナ=一・〇九ヘクタール)の土地と三二八〇名の人間(もっぱら非ポーランド系住民)をソヴィエト側に引き渡す代わりとして、二万六六三二デシャチーナの土地と約三〇〇〇人(その大多数はポーランド人)を獲得することに成功したのである。

ピウスツキ派のヴァシレフスキは国家構想においては連邦構想の熱心な支持者であり、東部辺境《クレシスィ》の諸民族関係についての第一人者として知られていた。しかし、その彼が、国境委員会の長としてはたした務めが、しばしば非ポーランド系の住民を犠牲とすることで、ポーランドの国境外に取り残されたポーランド人を少しでも同国内に迎え入れること、見方によってはポーランドの民族的単一化に手を貸す作業であったのも皮肉なことのように思われる。

リガ条約は、締約国であるポーランドとソヴィエトにとってのみ重要な意味をもったわけではない。それは、これら両国にはさまれた地域に暮らす諸民族の運命にも大きな影響をおよぼすことになった。

ポーランドとソヴィエトとの間で休戦・予備平和条約が締結されたとの報せは、ピウスツキとともに戦ってきたペトリューラ配下のウクライナ人に大きな衝撃を与えた。ポーランド代表は、交渉の当事者としてウクライナ・ソヴィエト共和国を承認していたからである。ピウスツキとの協定ではペトリューラの率いるウクライナ人民共和国によるズブルチュ川以東の地域の領有が認められていたが、休戦条約はその地域のウクライナ・ソヴィエトへの帰属を定めていた。さらに同条約は、相手方の締約国を標的として軍事活動を行う組織を創設することも支援することも相互に禁じる条項を含んでいたが（史料二を参照）、これがペトリューラとその指揮下にある部隊を念頭においたものであることは明らかであった。

ウクライナの史家は、一九二〇年四月にピウスツキとペトリューラが結んだ協定を、かつてウクライナ（ルーシ）が共和国《ジェチポスポリタ》においてポーランド、リトアニアと対等な構成単位として認められたハジャチの合同（一六五八年）になぞらえ、リガ条約については、ロシアとポーランドおよびリトアニアの間でウクライナの分割が取り決められたアンドルシュフの和約（一六六七年）に例えてこれを批判している（イヴァン・ケドリン・ルドゥニツキー）。その後、ペトリューラと傘下の兵下たちはポーランド国内の収容所に入れられることになった。ピウスツキは、収容されている兵士とその家族には十分な配慮をもって接するよう指示し、収容所生活としては最大限の自治が認められた。また彼が自ら収容所を訪れた時、ウクライナ人たちは歓呼して迎えたという。ピウスツキが彼らに謝罪した言葉が記録されている。「諸君、申し訳ない。諸君、申し訳ない」。しかしピウスツキを見切り、さらにはペトリューラにも失望して去って行った者が多かったことも事実である。

実は、ペトリューラのウクライナ人民共和国は休戦交渉に参加するつもりでリガに代表を送っていた、しかしウクライナ・ソヴィエトの主権と代表権が承認された以上、ペトリューラ派の会議への参加はかなわなかった。ところがリガには、もう一つのウクライナ代表団が到着していた。東ガリツィアに樹立され、その後ウィーンに亡命している西ウクライナ人民共和国の代表である。同代表団はソヴィエト代表と接触をとり、それを介してポーランド側に東ガリツィアにおける住民投票の実施を迫ることに成功する。しかし、ポーランド代表が東ガリツィア問題を俎上にのせることを頑なに拒む姿勢を見せたため、ソヴィエト側が譲歩し、西ウクライナ政府の目論見は実現しなかった。そしてリガ条約は、結果的にポーランドによる東ガリツィア領有を承認することになったのである。こうしてリガ条約によって画定したポーランド国境内には約五一〇万人ものウクライナ人が居住することになる（以下、人口統計は一九三一年の国勢調査結果に基づいたJ・トマシェフスキの試算）。

一方、リトアニア人にとってもリガ条約は深刻な意味をもつことになった。リトアニアは、ヴィルニュス（ヴィルノ）の領有をめぐってポーランドと抗争をくり広げてきたが、一九二〇年七月初めのスパ会議で、連合国はポーランドに対しヴィルノのリトアニアへの移譲に同意させていた。また同月一二日にリトアニアとソヴィエトとの間で締結された平和条約においても、リトアニアにはヴィルノの領有が認められていた。ところがリガ条約は、先の条約によって定められたリトアニア・ソヴィエト間の国境を打ち消すのみか、ヴィルノの帰属についても、「もっぱらポーランドとリトアニアの問題」としてこれを突っぱね、ポーランドによるヴィルノ占領を事実上容認するものであった（史料二を参照）。その後のポーランド、リトアニア両国の関係は修復し難いものとなっていくが、こうした政治的展開の中で二〇万人のリトアニア人が本国から引き離され、ポーランド国境内に少数民族として残されることになった。

ベラルーシ人にとっても、リガ条約とは民族を分断するものに他ならなかった。同条約によってポーランドに編入された地域には、ほぼ二〇〇万のベラルーシ人が暮らしていた。

ベラルーシ人の圧倒的多数は農村に居住し、また民族意識の覚醒も遅れており、とりわけポレーシェ地方に住むベラルーシ人は自らを「土地の者」としか認識していなかった。住民の多くが農業に従事していた点ではウクライナ人も同様である。ただしウクライナ人の場合、とりわけ東ガリツィアでは、強烈な民族意識が見られ、民族的な組織もよく発達していた。ベラルーシ人とウクライナ人それぞれの居住域は、プリピャチ川をほぼ境として南北に分かれる。ベラルーシ人は北方のビャウィストク周辺からプリピャチ川にかけての領域に暮らす農村の民であった。民族意識が希薄なうえに、ポーランド人の目からすれば従順で受け身な民である彼らは、容易にポーランド化できるはずであった。

ベラルーシ民族運動の指導者たちは、ベラルーシ語による教育の普及や正教会の保護と発展など文化面での民族的な諸権利の獲得に力を注いだが、農業に従事する民衆にとり、民族的な問題よりも貧困や土地への渇望といった社会的な諸問題の解決の方が優先されるべき課題であった。ポーランド議会を舞台に、ベラルーシ人政治家はウクライナ人議員たちと協力しながら、東部地域における社会状況の改善を目指して奮闘した。しかし、ポーランド政府もポーランド人の諸政党もベラルーシの民が抱える問題には無理解で、有効な政策が実施されることはなかった。むしろ東部地域に導入されたのは、教育、行政、司法の各分野における二言語併用を定め、実際にはベラルーシ語やウクライナ語の学校が次々と廃止される結果を招いた言語法であり、またベラルーシ人やウクライナ人に当てがわれるべき土地を用いてポーランド人の東部への移住を促した入植法であった。また地主層の反対を押し切って議会で可決された土地改革法案も、ベラルーシの民衆には何ら恩恵をもたらすものではなかったのである。

一九二六年五月のクーデタでピウスツキが権力を掌握して以降も、東部の諸民族がおかれた状況に変わりはなかった。現地の窮状をよそに、次々と送り込まれてくるポーランド人入植者には手厚い保護が与えられ、郡長をはじめ中央から派遣される行政や警察の幹部は狩猟にうつつを抜かすなど、贅沢な暮らしぶりを見せつけて現地住民の感情を逆なでした。一方、国境の向こう側のベラルーシ・ソヴィエトでは、一九二〇年代にベラルーシ化が推進されたこともあり、ベラルーシの文化と教育の振興がはかられ、それはポーランド側のベラルーシ人指導者たちの目に極めて魅力的なものとして映った。こうした状況の中で、二〇年代半ば頃からポーランド領内のベラルーシ社会はしだいに急進化してゆき、共産主義系の諸政党や諸組織の影響力が民衆に浸透していった。そして、ポーランド側のベラルーシ地域とベラルーシ・ソヴィエト共和国との合併が公然と唱えられるようになったのである。プリピャチ川以南に広がるウクライナ人の居住地域でも、状況はほぼ同様であった。そこでも共産主義を奉じる急進的な農民政党が勢力を伸ばし、ウクライナ・ソヴィエトとの合併が呼号されるようになっていた。

これに対して、ピウスツキは保守的な大地主層に接近し、東部辺境の民族問題を警察と軍の力によって抑えこむ道を選んだ。それを最も象徴するのが、一九二七年一月にベラルーシの民族活動家が次々と拘束される中で、五名のベラルーシ人議員が逮捕された事件である。不逮捕特権にもかかわらずこれらの議員が逮捕されたことは他の少数民族議員にも衝撃を与え、大きな反発を呼び起こした。検察側の控訴理由は、彼らがソヴィエトとの協力のもとにベラルーシで一斉蜂起を起こし、ポーランド東部地域のソヴィエトへの編入を画策したというものであった。が、かりに国家反逆罪が問われるにしても、議員の不逮捕特権を犯してまで拘束するとなれば、それは現行犯での逮捕しかありえない。当局は、現行犯であったことを示すために様々な方便を準備するが、実際には、逮捕された議員はいずれも逮捕時に就寝中であるなど、現行犯を適用するのは無理のある事例ばかりであった。逮捕された一人で急進的な独立農民党の議員フェリクス・ホウォヴァチュなどは、現行犯での逮捕時は郷里の家の牛舎で乳を搾っていたとも言われる。いずれにせよ、この事件はピウスツキ政権下で行われたベラルーシ民族運動に対する弾圧に他ならなかった。同じ時期、ウクライナでも民族運動の関係者に対する摘発がつづけられている。こうして、ベラルーシやウクライナの人心はポーランドの政府と社会からますます離れていくことになるのである。

ポーランド、とりわけ東部辺境の諸地域は、多くのユダヤ人が居住していたことでも知られる。ユダヤ人の場合、ウクライナ人やベラルーシ人のように特定の領域に集住するのではなく、大小を問わず都市を中心に東部辺境全域にわたって人口の分布が見られた。リガ条約の結果、ユダヤ人の多いヴィルノや東ガリツィアを含む東部の諸地域もポーランド領となったため、ポーランドは約三〇万ものユダヤ人口を擁することになった。

ユダヤ人社会のリガ国境に対する評価や姿勢を問うことは容易ではない。確かにリガ条約の具体的な条項に関する評価であれば、例えばポーランド議会における条約の批准をめぐる審議でユダヤ人クラブを代表して登壇したサムエル・ヒルシュホルン（人民派《フォルキシチ》）の発言などを指摘することは出来よう。彼は、ポーランド国内のロシア人、ウクライナ人、ベラルーシ人に対して、他方でロシア、ウクライナ、ベラルーシ国内に残されたポーランド人に対してそれぞれの締約国が民族的な諸権利を保障することを相互に義務づけた第七条（史料二を参照）に触れ、そこではユダヤ人の存在が全く顧みられていないと批判している。そして彼は、平和条約の締結そのものには賛成の意を表しながらも、いくつかの条項には問題があるとして批准には反対したのである。

しかしここで想起すべきは、第一次世界大戦期から大戦の終結を経て、リガ条約の締結にいたるまでの間、ポーランドとその周辺地域でいったいどれほどのポグロムないし反ユダヤ的な騒擾が起こったかということである。またポーランド・ソヴィエト戦争の中で、ユダヤ人に対する反感と偏見が増幅されていったことを忘れるべきではない。東ガリツィアをめぐるポーランド人とウクライナ人との抗争の中で、ユダヤ人は中立を表明したにもかかわらずポグロムが引き起こされ、そのことはユダヤ人社会に大きな精神的傷痕を残すことになった。またヴィスワ河畔の戦いの際には、ポーランド軍に従軍していた士官を含むユダヤ人の兵士や志願兵が、赤軍への内通を恐れる軍によってワルシャワ近郊のヤブウォンナに設置された収容所に拘束されたのである。

ユダヤ人をとりまくこうした状況を考慮するならば、国境や国家的な帰属に関する軽々しい言動をユダヤ人の側から行えるはずはなかった。リガ条約の批准には反対票を投じたヒルシュホルンはまた、ポーランド議会で次のようにも述べている。「ユダヤ人は他の住民以上にポーランドに愛着をもっている。それは当然であろう。なぜならユダヤ人はひとつの国家に出来るだけ多く集まっていたいからであり、ポーランドとはそういう国なのだから」。

とはいえ、ユダヤ人の諸党派が政治活動において消極的であったわけではない。それはむしろ逆で、議会に集ったユダヤ人の諸党派は「ユダヤ議員団」を結成し、それを中心にポーランドの議会政治において目覚ましい活動を見せるのである。とりわけ知識層出身者の多いユダヤ人政治家は、農民出身の指導者が大半を占めるウクライナ人やベラルーシ人をしばしば政治的に主導する役割もはたした。そして、リガ国境という政治的な枠組みの中でユダヤ人にとって望ましいポーランド国家のありようが模索された例として注目されるのは、シオニストの指導者で、ポーランド・ユダヤ人の政治を牽引したイザーク・グリュンバウムの思想と行動である。彼は、少数民族ブロックを結成して非ポーランド系の諸民族を糾合し、少数派の諸民族の権利獲得を目指そうとした。さらに彼が追い求めたのは、ポーランドに居住するすべての民族が統治に参与する「多民族の国家」の実現であった。しかし、ポーランドの政府もポーランド人の諸政党もグリュンバウムをはじめとするユダヤ人政治家の主張を真摯に受けとめようとはしなかった。ポーランド人社会とユダヤ人社会との相互不信の中で、少数民族議員の中から、とりわけ優れた政治家を数多く擁していたユダヤ議員団から政府の要職を任される者が出なかったことは、戦間期ポーランドの政治にとって大きな損失とも言うべきものであった。

リガ条約の調印とほぼ時を同じくして、ポーランド共和国憲法（三月憲法）が議会で可決され成立した。下院《セイム》に過度の権限が与えられるなど、後に政治的な混乱を招く要因をはらみながらも、それは極めて民主的な内容をもつものであった。ポーランドはリガ条約によって外的な輪郭が定まり、三月憲法によって内的な枠組みが整えられたと言える。同憲法の第九五条には、出自、民族、言語、宗教の別なく同国に居住するすべての者に対する生命、自由、財産の保護が謳われていたが、これはヴェルサイユ条約で、ユダヤ人も含めた民族的な少数派に対する諸権利の保障をポーランドに義務づけたマイノリティー保護条項に対応したものでもあった。そしてリガ条約第七条でも、ポーランドのウクライナ人、ベラルーシ人、ロシア人が「文化や言語の自由な発展」を享受することが規定されていた。しかしポーランド政府は、憲法の規程やこれらの国際的な義務を十分に履行しなかった。ポーランドにおける少数民族問題への対応は、リベラルな政策により一定の成果をあげたヴォウィン県知事ヘンルィク・ユゼフスキのような例も見られたものの、総じて不首尾に終わり、少数民族をポーランド社会に統合することができなかったのである。ポーランドは、リガ条約により人口の三分の一が非ポーランド系諸民族（ポーランド人の比率は六四・七％）によって占められることになったが、それは国家を運営するうえでの大きな負担となってポーランド国家にのしかかることになった。

外交史家パイエフスキは、保守派の領袖ヤヌシュ・ラジヴィウから直接聞いた興味深いエピソードを伝えている。リガ条約調印の翌年に行われたソヴィエトとの軍備制限条約交渉にラジヴィウが派遣されることになった。彼は、モスクワで外務人民委員会第一次官のマクシム・リトヴィノフと会談した際、森や沼沢の多いブリピャチ川一帯が犯罪集団の活動や国境近くでの様々なトラブルを生み出す温床となっていて誠に都合が悪いと語ったところ、リトヴィノフはこう言い放ったという。「そういう国境にした責任はポーランド側にある。何しろロシアは広大で、国境を西であろうと東であろうと数十キロ移動させることなど何ら障りもないのだから」。ラジヴィウが後にこれをドンプスキに伝えたところ、彼はこう答えたという。「もう一度ロシア人と国境について話し合うことがあれば、もっと西寄りにラインを引くだろう」。

近年のポーランド史学では、リガ条約によって分断され、戦間期をポーランド領内で過ごすことになった諸民族について論じる際、国境の向こう側のソヴィエト領内ではやがて大テロルが吹き荒れ、あるいは苛酷な集団化や大飢饉を経験することなどを想起するならば、肯定的な側面も指摘しうるのではないかとの見解も現れている（イェジィ・ボジェンスキ）。しかし、より「悪しき」事例との比較はポーランドにおける少数民族問題に対する理解を深めるものではあるまい。戦間期のポーランドの少数民族政策をめぐる失敗の原因も可能性もあくまでポーランド史の文脈において問われるべきであろう。

ドンプスキは、リガ条約調印の後も一九三一年に死去するまで下院議員を務め、とりわけ二六年以降のピウスツキ体制のもとでは、彼の政党（農民党）は与党の一角を占めることになった。その一方で、彼はウクライナ人やベラルーシ人に対して次第に強硬な政策をとるようになるピウスツキと、少数民族に対する自らの共感や同情のはざまで揺れ動く苦悩を一度ならず味わってもいる。ドンプスキの経歴とリガ条約以降のポーランド政治史を重ね合わせるとき、彼がラジヴィウに語ったという言葉は、少数民族問題に呻吟する第二共和政ポーランドがふと漏らした後悔まじりの吐息のようにも感じられるのである。

＊本書は科学研究費（15K02968）およびポーランド学術高等教育省研究費（8124/MH/IH/14）の助成をうけた研究の成果の一部である。

主な参考文献

史料

Dokumenty i materiały do historii stosunków polsko-radzieckich, T. 3, Warszawa 1964.

Dziennik Juliusza Zdanowskiego, t. 3: 4.VIII.1919 – 28.III.1921, Szczecin, 2014.

Jurkowski, Roman, "Listy Edwarda Woyniłłowicza do Mariana Zdziechowskiego z lat 1905-1928", *Echa Przeszłości,* t. 8 (2007); t. 9 (2008).

Komitet Narodowy Polski: Protokóły posiedzeń 1917-1919 (Niepodległą i granice) Warszawa 2007.

Krótki życiorys księżniczki Krystyny Druckiej - Lubeckiej 1900-1921. (Archiwum Państwowe w Lublinie)

Kumaniecki, Kazimierz, *Odbudowa państwowości polskiej: Najważniejsze dokumenty 1912-styczeń 1924*, Warszawa 1924.

Leinward, Artur, Molenda, Jan, "Protokóły Rady Obrony Państwa", *Z dziejów stosunków polsko-radzieckich. Studia i materiały,* t. 1 (1965).

Pisma zbiorowe Józefa Piłsudskiego, t. 5, Warszawa, 1937.

Rok 1920: Wojna polsko-radziecka we wspomnieniach i innych dokumentach, Warszawa, 1990.

Sprawozdanie stenograficzne posiedzeń Sejmu Ustawodawczego Rzeczypospolitej Polskiej.

(Biblioteka Sejmowa, Warszawa)
Sprawy polskie na konferencji pokojowej w Paryżu w 1919 r.: Dokumenty i materiały, t. 1-2, Warszawa, 1965-1967.
Tarczyński, Marek (red.), *Bitwa niemeńska 29 VIII – 18 X 1920: dokumenty operacyjne*, Cz. 2 (20 IX - 18 X), Warszawa, 1999.

＊その他、Gazeta Warszawska, Kurier Lwowski, Myśl Narodowa, Robotnik, Słowo, Słowo Polskie などの新聞を利用した。

回想・研究文献

Ajnenkiel, Andrzej(red.), *Rok 1920: Z perspektywy osiemdziesięciolecia*, Warszawa 2001.
Borzęcki, Jerzy, *The Soviet-Polish Peace of 1921 and the Creation of Interwar Europe*, New Haven, 2008.
Chmielewska, Gizela, *Cierń kresowy*, Łomianki, [2010].
Cienciała, Anna, Komarnicki, Titus, *From Versaille to Locarno: Key to Polish Foreign Policy 1919-1925*, Kansas, 1984.
Czubiński, Antoni, *Poznań w latach 1918-1939*, Poznań, 2004.
Dąbski, Jan, *Pokój ryski: Wspomnienia, petraktacje tajne układy z Joffem, listy*, Warszawa

1931.
Dębski, Sławomir (red.), *Zapomniany pokój. Traktat ryski: Interpretacje i kontrowersje 90 lat później,* Warszawa, 2013.
Dziewanowski, Marian K, *Józef Piłsudski. A European Federalist 1918-1922*, Stanford, 1969.
Eberhardt, Piotr, "The Curson Line as the Eastern Boundary of Poland: The origins and the political background", *Geografia Polonia*, Vol. 85, Issue 1 (2012).
(http://dx.doi,org./10.7163/GPol.2012.1.1)
Garlicki, Andrzej, *Józef Piłsudski 1867-1935*, Warszawa 1990.
Giertych, Jędrzej, *Tragizm losów Polski*, Perplin, [1936].
Grabski, Stanisław, *The Polish-Soviet Frontier*, Londyn 1944.
Grabski, Stanisław, *Nil Desperandum*, Londyn, 1945.
Grabski, Stanisław, *Pamiętniki*, t. 2, 1989.
Grabski, Władysław, *Wspomnienia ze Spa*, Londyn, 1973.
Jędrzejewicz, Wacław, Ciszek, Janusz, *Kalendarz życia Józefa Piłsudskiego*, t.2: 1918-1935, Kraków, 1994.
Jurkowski, Roman, "Polacy – Mińszczanie z kręgu mińskiego Towarzystwa Rolniczego", *Знакамітыя мінчане*, Мінск–Вроцлаў, 2005.
Karpiński, Stanisław, *Pamiętnik dziesięciolecia 1915-1924*, Warszawa, 1931.

Kirkor-Kiedroniowa, Zofia, *Wspomnienia,* t. 3: Lata 1920-1932, Kraków, 1989.

Krajewski, Zenon, *Geneza i dzieje wewnętrzne Litwy Środkowej 1920-1922*, Lublin, 1996.

Krząstek, Tadeusz (red.), *Polska i Ukraina w walce o niepodległość 1918-1920*, Warszawa, 2009.

Kumaniecki, Jerzy, *Po traktacie ryskim,* Warszawa 1971.

Kumaniecki, Jerzy, *Pokój polsko-radziecki 1921*, Warszawa 1985.

Leinward, Artur, *Polska partia socjalistyczna wobec wojny polsko-radzieckiej 1919-1920*, Warszawa, 1964.

Ładoś, Aleksander, "Wasilewski w rokowaniach ryskich (wspomnienia osobiste)", *Niepodległość,* t. 16 (1937).

Łatyszonek, Oleg, *Białoruskie formacje wojskowe 1917-1923*, Białystok, 1995.

Łossowski, Piotr (red.), *Historia dyplomacji polskiej*, t. 4: 1918-1939, Warszawa 1995.

Łossowski, Piotr, *Konflikt polsko-litewski 1918-1920*, Warszawa, 1996.

Obiezierski, Mirosław, *Wspomnienia z polsko-rosyjskiej konferencji pokojowej ryskiej dla ułożenia preliminariów pokojowych (wrzesień-październik 1920 r.)*, Warszawa 1938.

Pajewski, Janusz, *Budowa Drugiej Rzeczypospolitej 1918-1926*, Kraków, 1995.

Piszczkowski, Tadeusz, *Odbudowanie Polski 1914-1921*, Londyn 1969.

Pobóg-Malinowski, Władysław, *Najnowsza historia polityczna Polski,* t. 2: 1914-1939,

Londyn, 1956.
Polska i Ukraina: Sojusz 1920 roku i jego następstwa, Toruń 1997.
Próchnik, Adam, *Pierwsze piętnastolecie Polski niepodległej (1918-1933),* Warszawa 1983.
Pruszyński, Mieczysław, *Tamci*, Warszawa 1992.
Rataj, Maciej, *Pamiętniki 1918-1927*, Warszawa, 1965.
Romer, Eugeniusz, *Pamiętniki paryski 1918-1919,* Wrocław, 1989.
Rudling, Per Anders, *The Rise and Fall of Belarusian Nationalism 1906-1931*, Pittsburgh, 2015.
Skirmunt, Konstanty, *Moje wspomnienia 1866-1945*, Rzeszów, 1998.
Snyder, Timothy, *The Reconstruction of Nations: Poland, Ukraine, Lithuania, Belarus, 1569-1999*, New Haven, 2003
Stroński, Stanisław, *Pierwsze lat dziesięć 1918-1928*, Lwów, 1928.
Suleja, Włodzimierz, *Józef Piłsudski*, Wrocław, 1995.
Tomaszewski, Jerzy, *Rzeczpospolita wielu narodów,* Wydanie drugie poprawione i uzupełnione. 未刊行 (Wydanie I - 1985)
Traktat ryski między Polską a Rosją i Ukrainą: Ryga 18 marca 1921. 85 lat później, Warszawa, 2006.
Wandycz, Piotr, *Soviet-Polish Relations 1917-1921*, Cambridge 1969.

Wandycz, Piotr, *Polish Diplomacy 1914-1945: Aims and achivements,* London 1988.

Wasilewski, Leon, *Wschodnia granica Polski*, Warszawa, 1923.

Wasilewski, Leon, "Ustalenia granic Rzczypospolitej Polski", *Wiedza i życie*, nr 8-9 (1927)

Waskan, Jan, *Problem przynależności państwowego ziem byłego Wielkiego Księstwa Litewskiego w myśli politycznej obozu narodowego 1893-1921*, Bydgoszcz, 2006.

Witos, Wincenty, *Moje wspomnienia*, t. 2, Paryż, 1964.

Wojciechowski, Mieczysław (red.), *Traktat ryski 1921 roku po 75 latach*, Toruń, 1998.

Wojdyło, Witold, *Stanisław Grabski 1871-1949*, Toruń, 2003.

Woyniłłowicz, Edward, *Wspomnienia 1847-1928*, t. 1, Wilno, 1931.

Woyniłłowicz, Edward, Wspomnienia, t. 2, 1920-1928. (Biblioteka Narodowa, Warszawa)

Zdziechowski, Marian, *Europa, Rosja, Azja: Szkice polityczno-literackie*, Wilno 1923.

Zychowicz, Piotr, *Pakt Piłsudski – Lenin*, Poznań, 2015.

Żeligowski, Lucjan, *Zapomniany prawdy*, Londyn, 1943.

Żurawski, Arkadiusz, Delimitacja granicy ustalonej traktatem ryskim, *Przegląd Historyczno – Wojskowy*, Vol. 12 zeszyt 1 (2011).

Бароўская, В. Мікалаеўна, *Беларускае Пытанне на Савецка-польскіх Перагаворах*

1918-1922 гг., Мінск, 2017.
Кедрин, Іван, *Паралелі в історії України*, Ню Йорк, 1971.
Матэрскі, Войцех, “Рыжскі трактат і Беларусь”, *Беларускі гістарычны часопіс*, No 5 (43), 1993.
Назарук, осип, *Галицька Делегація в Ризі 1920 р.* Львів, 1930.

伊東孝之『ポーランド現代史』、山川出版社、一九八八年
中井和夫『ソビエト民族政策史』、御茶の水書房、一九八八年
平井友義『三〇年代ソビエト外交の研究』、有斐閣、一九九三年
早坂真理『ベラルーシ―境界領域の歴史学』、彩流社、二〇一三年
早坂真理『リトアニア―歴史的伝統と国民形成の狭間』、彩流社、二〇一七年
阪東 宏『ヨーロッパ ポーランド ロシア 一九一八〜一九二一』、彩流社、二〇〇八年

37　出征するポーランド軍を見送るピウスツキ。Narodowe Archiwum Cyfrowe より転載。

44　ヤン・ドンプスキ。ポーランド外交文書館所蔵。

54　地図 3：*Dzieje Polski: Atlas illustrowany.* (Warszawa, 2008), s.318, J. Waskan, *Problem przynależności państwowego ziem byłego Wielkiego Księstwa Litewskiego w myśli politycznej obozu narodowego 1893-1921.* (Bydgoszcz, 2006) などをもとに著者作成。

56　第一次世界大戦中の旧ドイツ軍陣地跡。著者撮影。

57　旧ギルド会館。Dąbski, Jan, *Pokój ryski* (Warszawa 1931) より転載。

58　リガでの交渉。ポーランド外交文書館所蔵。

62　ポーランド代表団における審議。ポーランド外交文書館所蔵。

65　ヨッフェとドンプスキ。ポーランド外交文書館所蔵。

68　ルツィアン・ジェリゴフスキ。Narodowe Archiwum Cyfrowe より転載。

69　ピウスツキ家邸宅跡地とピウスツキが洗礼を受けた教会は著者撮影。ピウスツキ家邸宅跡における植樹風景は *Kolejowe Przysposobienie Wojskowe. Dwutygodnik.* R.9, nr 15 (112) (1937 年 10 月 24 日), 1 頁より転載。

70　中央リトアニア臨時統治委員会。Narodowe Archiwum Cyfrowe より転載。

72　旧中央リトアニア議会。著者撮影。

93　ジスナ。Narodowe Archiwum Cyfrowe より転載。

96　スタニスワフ・グラプスキ。Narodowe Archiwum Cyfrowe より転載。

108　レオン・ヴァシレフスキ。Narodowe Archiwum Cyfrowe より転載。

113　最初の国境標示。*Świat*（世界）1923 年 1 月 27 日号 4 頁より転載。

所収図版出典一覧

カバー リガ条約の風刺画 *Рижский мир в судьбе бело-русского народа1921-1953 гг.*, Кн 1, Минск, 2014, С. 187. より転載（初出はベラルーシ社会主義革命党のチラシと言われるが発行時期等、詳細は不明。）

カバーそで *Granica wschodnia Rzeczypospolitej Polskiej wyznaczona w myśl Traktatu Ryskiego przez Mieszaną Komisję Graniczną wykonało Kierownictwo Techniczne Kom. Gran. Ministerstwa Rob. Publ. 1921-1923* (Lwów, 1923)

口絵 1 リガ条約の原本。ポーランド外交文書館所蔵。

口絵 2 「黒い頭の館」会議ホール。著者撮影。

口絵 3 聖シモン聖ヘレナ教会とヴォイニウォヴィチの墓。著者撮影。

口絵 4 地図 1：Paul R. Magocsi, *Historical Atlas of East Central Europe.* (Seattle, 1993), p. 131, *Dzieje Polski: Atlas illustrowany.* (Warszawa, 2008), s. 318 などをもとに著者作成。

＃ページ数

16 ノーヴェポーレのドゥルツキ家の邸宅。Roman Aftanazy, *Dzieje rezydencji na dawniejszych kresach Rzeczypospolitej.* Wydanie drugie przejrzane i uzupełnione. Tom 1. (Wrocałw, 1991), s. 116 より転載。

22 地図 2：*Granica wschodnia Rzeczypospolitej Polskiej wyznaczona w myśl Traktatu Ryskiego przez Mieszaną Komisję Graniczną wykonało Kierownictwo Techniczne Kom. Gran. Ministerstwa Rob. Publ. 1921-1923.* (Lwów, 1923) をもとに著者作成。

26 クリスティーナ・ドゥルツカの墓。著者撮影。

28 サヴィチェのヴォイニウォヴィチ家邸宅 Edward Woyniłłowicz, *Wspomnienia 1847-1928*, t. 1, (Wilno, 1931) より転載。現在の邸宅跡は著者撮影。

34 ユーゼフ・ピウスツキ。Narodowe Archiwum Cyfrowe より転載。

安井教浩（やすい　みちひろ）
1960 年岡山県生まれ。明治大学文学部卒業、明治大学大学院文学研究科博士後期課満期退学。現在、長野県短期大学教授。
主な著作：共著『ポーランド史論集』（三省堂、1996 年）、共著『ポーランド学を学ぶ人のために』（世界思想社、2007 年）、"Leon Reich (1879 -1929)" (*Polish Biographical Studies*, nr 1, 2013)、"Ex Lux Oriente: Roman Dmowski w Japonii" (*Nowa Polityka Wschodnia*, nr 6, 2014)、"Беларусі і яўрэі ў парламенце Польшчы ў 1922–1927 г. *(Беларускі Гістарычны Агляд*, Vol. 22, 2015)，共著 *History of Belarus in XX century* (Yanka Kupala Grodno State University, 2017)，共著 *The Political Play and Multiethnic Society in Europe* (Peter Lang, 2018 年刊)

Niniejsza publikacja została wydana w serii wydawniczej
„Źródła historyczne do dziejów Polski"
w ramach „Biblioteki kultury polskiej w języku japońskim"
przygotowanej przez japońskie NPO Forum Polska,
pod patronatem i dzięki finansowemu wsparciu wydania przez Instytut Polski w Tokio.

本書は、ポーランド広報文化センターが後援すると共に出版経費を助成し、
特定非営利法人「フォーラム・ポーランド組織委員会」が企画した
《ポーランド文化叢書》の一環である
《ポーランド史叢書》の一冊として刊行されました。

ポーランド史叢書 4
リガ条約《じょうやく》　交錯《こうさく》するポーランド国境《こっきょう》
2017年12月15日　初版第1刷発行

著　者　安井教浩

発行人　島田進矢
発行所　株式会社 群 像 社
神奈川県横浜市南区中里1-9-31 〒232-0063
電話／FAX 045-270-5889　郵便振替　00150-4-547777
ホームページ　http://gunzosha.com
Eメール info@gunzosha.com

印刷・製本　シナノ

カバーデザイン　寺尾眞紀

ISBN978-4-903619-83-5